L'ÉCOLE DE L'EXIL

Josiane Hania-Sberro

L'ÉCOLE DE L'EXIL

Tribulations méditerranéennes

Balland

Sous la direction éditoriale de Daniel Hervouët

ISBN 978-2-94079-51-8

Rose de sable
Rose de moi

« Le premier devoir d'un homme est de se chercher et de se trouver seul au milieu de l'océan qui l'entoure. »

Shalom Ash, *Varsovie*

Clément, Maor, petit Ruben,
Et toi ma Gabrielle,
Une histoire de mamie.

PREMIÈRE PARTIE

Tunisie Protectorat français, protégée, ou colonisée ?

Gabès

Moi je sais une histoire,
Une histoire du temps passé.
Il me faut vous la dire,
Avant de vous quitter.

Est-elle mythique ou véridique,
Ce pays a-t-il existé ?
Je pense que oui,
Car un jour, j'y suis née.

C'est une belle histoire,
Celle de l'enfance oubliée.
Je voudrais vous la dire,
Laissez-moi, vous la raconter.

Chapitre 1

« Nous avons des racines plus profondes que notre conscience ne veut l'admettre. »

Klaus Mann, *Le Tournant*

Contrairement aux autres villes riveraines de Tunisie, Gabès s'étend, loin de la plage. En fait, les premiers balbutiements de la ville se sont resserrés autour de l'oasis, fraîche et bruissante. Puis, Menzel, la ville arabe a quitté peu à peu les palmiers, pour s'étendre en dédale de ruelles blanches, et de maisons hermétiques.

Djara fait suite à Menzel. C'est la ville juive, traditionnelle. Des maisons que rien ne distingue de celles de Menzel, extérieurement. Des murs hauts, une terrasse blanche, une seule porte d'accès. Maisons de nos grands-mères !

Une fois cette porte franchie, le couloir d'entrée plongé dans la pénombre, ouvre l'accès sur le patio. Et quel patio ! Vingt à vingt-cinq mètres de côté, des plafonds s'élevant à plus de dix mètres du sol, perçant la terrasse de leur dôme.

Ce dôme, sur tout le pourtour de la salle, est entièrement ajouré de hautes fenêtres, qui laissent entrer la lumière à flot. Lumière irisée de la réflexion sur les merveilleuses faïences espagnoles, aux couleurs vives, qui tapissent le patio, du sol au plafond et sur tous ses murs.

À Djara, il suffit de grimper sur la terrasse, pour faire, de toit en toit, le tour du quartier juif, sans mettre pied à terre. Forme de sécurité, pour les jours de Djihad. Les grands-parents ne sont-ils pas des rescapés du pogrom de Tripoli ?

Une minuscule pièce garde son mystère pour les enfants. Soigneusement fermée à clé, interdite d'accès, elle est pourtant essentielle, dans cette ville de désert : c'est là que les femmes viennent puiser l'eau de pluie, fraîche et pure. Cette pièce, c'est en effet, la *citerne*. Frayeur et attirance. Tentatives mille fois renouvelées, de s'y glisser, derrière une femme, qui, toujours, nous en chasse, en gloussant ou en piaillant, car la citerne est à ras de sol.

Grande est la crainte de nous y voir chuter un jour.

Les innombrables et gigantesques pièces de la maison, s'ordonnent autour du patio. Chacune d'entre elles suffit à loger une famille, les jours de grandes réunions. La moindre festivité, réclame le regroupement de la tribu autour des ancêtres. Pour nous, c'est l'évènement de la promiscuité passagère, avec les débordements imaginés par cette cohorte de cousins.

Et cette occasion nous est offerte tous les ans, pour la commémoration du souvenir du grand-père que l'on appelait simplement « papa Rabbin », sans prononcer son prénom, par déférence. À cette occasion et pour quelques jours, les adultes se préparaient avec ardeur. La maison astiquée à grands coups de jets d'eau ; le patio recouvert de tapis et entouré de banquettes aux coussins épais.

Pour nous, les enfants, les cousins, des jours d'abandon et de liberté absolue, dans une heureuse et bruyante promiscuité.

Au grand soir cependant, assis et silencieux, nous assistons à l'arrivée d'imposants rabbins de tous âges, aux barbes blanches et aux tenues orientales ; ils se succèdent et s'installent, assis en tailleur sur les banquettes. De nombreuses veilleuses sont allumées partout ajoutant au cérémonial de la soirée.

Après les prières récitées à l'unisson, à tour de rôle chacun évoque un moment, une rencontre, une réponse rabbinique lumineuse du « Grand Rabbin Isaac Haï Bokobza ». Notre grand-père, président du Tribunal Rabbinique de Tripoli qui, – nous avait-on si souvent raconté –, était un « Gaon » – un sage réputé bien au-delà des frontières, dont les *responsa* sont toujours étudiées dans les hauts lieux de réflexion théologique en Israël.

Décoré de la légion d'honneur par le Président français Raymond Poincaré, et de la plus haute décoration de l'ordre Italien. Il était ami du pape Pie XI – assassiné par les fascistes – et du roi d'Italie Victor Emmanuel, qui l'avait invité à la cour, pour bénir le mariage de son fils le prince Umberto. Lors de ses visites à Tripoli, la reine Hélène de Monténégro aimait à discuter de philosophie avec lui.

Il est l'un des deux seuls rabbins au monde, à être descendu dans les caves du Vatican, à l'invitation du Pape. Ce qu'il y a découvert, reste un mystère, mais semble l'avoir bouleversé ; il est mort en effet, quarante jours après cette visite, d'une fièvre maligne, sans avoir pu reprendre la parole.

Le souvenir de ces soirs-là, reste encore aujourd'hui dans ma mémoire, enrobé d'une couleur de sérénité solennelle, de récits, d'odeurs, d'offrandes. Les adultes se livrent devant nous à un cérémonial auquel nous ne comprenons pas grand-chose, mais qui nous enveloppe de chaleur, de protection et d'amour.

Ce mystérieux grand-père dont on vend le portrait en cartes postales au pèlerinage d'El Hamma où nous nous rendons tous les ans pour un autre rabbin du sud, capable de miracles. À un mètre de sa tombe, venu pour la détruire, un tank allemand couleur sable est encore là, – cinq ans après la guerre –, immobilisé sans la moindre panne mécanique, par une force inexplicable. Histoire qui nous est racontée tous les ans, avec force détails effrayants. Traditions ancestrales et vie moderne s'entrecoupent, et se complètent sans heurts.

En quittant la maison de la grand-mère, il suffit de longer la rue unique, d'aller tout droit, pour déboucher au centre de Gabès, où nous vivons ; « en ville » disait-on.

Gabès se résume pour moi, en une place rectangulaire, gigantesque à mes yeux d'alors. L'était-elle, vraiment ? Le jardin public planté d'eucalyptus centenaires, et tout autour, les immeubles dont le plus haut a deux étages, le marché couvert, le commissariat.

Le pépiement assourdissant des moineaux dans les arbres, et nous dans la rue. Nous, les enfants. Aussi loin qu'il m'en souvienne, Gabès représente pour moi un inoubliable terrain de jeux. Le centre de la ville est en notre totale possession. Hormis l'heure de la sacro-sainte sieste où les voix elles-mêmes se font murmure pour ne pas éveiller l'ire paternelle.

La sieste est en effet une conquête de l'homme seul, et le symbole de sa virile autorité sur l'ensemble de la maisonnée.

Chapitre 2

« En sortant de l'école nous avons rencontré un grand chemin de fer qui nous a emmenés. »

J. Prévert

À l'heure de la libération, de toutes les ruelles adjacentes, à un signal imperceptible, tous descendent vers le jardin public. En quelques instants, les clans sont formés. À ces jeux, les bandits le restent à vie. En fait, les groupes et les chefs sont immuables. Les quotidiennes parties de chevauchée où chevaux, bandits, cow-boys s'entremêlent joyeusement, envahissent tout. Par les toits pour les plus grands, en rampant sous la palissade pour les autres, notre première conquête est toujours le marché couvert.

La plus grande victoire consiste à s'y introduire pour en ressortir les bras chargés de carottes fraîchement coupées, qui attendent la vente du lendemain. Essuyées dans leur propre feuillage, elles feront, de leur jus sucré, le délice des troupes.

Le gardien, un grand soudanais, notre terreur, tente de son côté de se saisir du plus grand nombre d'entre nous. Nous aimons cette peur, lui ne nous aime pas! Le butin collectif se répartit sous l'autorité incontestée des chefs, à l'ombre des eucalyptus respectifs.

Quand le piaillement assourdissant des oiseaux couvre nos hurlements, nous savons rétablir un silence immédiat, mais si bref ! Un grand coup frappé sur un fût abandonné, nous offre quelques secondes apaisantes. « *Les eucalyptus se taisent* » disons-nous.

Les jours de grands jeux, nous ne craignons pas de harceler les quelques policiers débonnaires du poste. Il arrive même parfois, à l'un d'entre nous, de se faire prendre.

C'est alors pour quelques instants, la prison, car ces messieurs n'hésitent pas, pour nous faire peur, à nous enfermer dans le cabanon de bois au fond de la cour. Cabanon sale et effrayant, que nous apercevons de l'extérieur, en murmurant : « *C'est la prison !* ».

Pseudo représentant d'une loi inutile, dans ce village de bout du monde, où chacun connaît son voisin ; gardiens d'un abri de jardin aux inutiles fonctions officielles et aux proportions ridicules, ces hommes tentent eux aussi, comme ils le peuvent, de rompre ce que, aujourd'hui je sais être l'ennui.

Adultes et enfants à Gabès s'emmêlent et s'entremêlent joyeusement. Tout est à tout le monde. Les enfants n'échappent pas à la règle.

Jouer à saute-mouton, ou à la corde à sauter, connaissez-vous meilleur endroit que la voie publique? Un coup de klaxon nous éveille bien de temps à autre. Mais les voitures sont si rares. Elles font l'objet de notre curiosité. En règle générale, le véhicule de passage, est une Volkswagen aux angles aigus, couleur de sable, transfuge du désastre tout proche de l'armée de Rommel. Le Sahara est aux portes de la ville.

Certes de temps en temps, une forte explosion nous rappelle que les plus grands sont encore allés jouer dans ce coin formellement interdit, appelé le *terrain vague.*

Les vestiges de la guerre, objets piégés et autres, y sont nombreux. Naturel est pour nous, en ces temps, d'apprendre que nous ne reverrons plus tel ou tel camarade; de découvrir que tel autre a laissé sa main d'enfant, déchiquetée ou sa jambe.

Des enfants allaient jouer au terrain; des adultes définitivement atteints dans leur corps, nous en revenaient, guéris du rêve, du jeu, de l'enfance

Dans un univers aussi restreint, la mort n'a rien d'effrayant. Elle fait partie de la vie de tous les jours.

Les enterrements traversent la rue, cette voie unique.

Nous voyons tour à tour, caracoler les chevaux qui tirent l'effrayant corbillard précédé d'une cohorte d'enfants de chœur en dentelles agitant des encensoirs, pour les

Chrétiens, peiner les amis qui se relaient pour porter sur leurs épaules jusqu'au lointain cimetière, le lourd cercueil des enterrements juifs, et voler au-dessus des têtes la fragile civière des enterrements musulmans.

Tous les morts sont accompagnés d'une foule interminable d'amis et souvent même, de pleureuses professionnelles qui hurlent en se frappant la poitrine.

Dans ces moments, nous les enfants, respectueux et silencieux sur le trottoir, nous abandonnons la route aux adultes ; nous les regardons, muets, se livrer ouvertement à leur peine qui devient aussi la nôtre.

Ainsi nous apprenons la vie.

Chapitre 3

« La réalité ne prend forme que dans la mémoire. »

Marcel Proust

À Gabès nous avons les jeux mais un certain nombre de corvées sont réservées aux enfants : porter jusqu'au four du boulanger, les plateaux de pain de maison, selon l'expression consacrée.

Quand la fournée est prête, à même le sol, sur des toiles de jute, les pains chauds de toutes les ménagères du quartier sont pêle-mêle. Il nous incombe de récupérer le bien familial sans erreur.

Chaque ménagère adopte sa propre marque. Une fève, un pois chiche, un motif de pâte en relief. La boulangerie n'est qu'un grand hangar bétonné. Le four rougeoyant est au fond. Odeur merveilleuse de mes dix ans. Corvée détestée d'alors et que j'aimerais tant accomplir de nouveau.

Le vendredi, la tâche est double : outre le pain, il nous faut confier au four des plats de viandes et de céréales, qui cuiront à l'étouffée dans les cendres du four, jusqu'au lendemain. Nous les récupérerons, brûlants et savoureux pour le repas du Shabbat.

Shabbat! Des flots de lumière qui vont briller toute la nuit; des montagnes de gâteaux, la porcelaine, l'argenterie. La table dressée au salon. Les odeurs, les couleurs qui rythment et ponctuent chaque semaine. La fête, les chants et encore la couleur.

Famille du Shabbat

Le jeudi, jour de congé, est un jour particulier. C'est le jour de la *mané*. Après le déjeuner, la joyeuse bande prend la route, jusqu'à l'autre bout de la ville, vers le presbytère derrière l'église à la manécanterie.

C'est là que nous passons tous nos jeudis. Un simple clos fermé de palissades de bois, quelques vieux baraquements branlants, les sœurs et le curé. Voilà pour la *mané*. Mais là encore, que de joies, de fêtes, de déguisements, de répétitions et de représentations.

Pour la fête de tel saint, comme pour la fête de « notre mère », c'est toujours l'occasion de nous mettre sur la sellette. Piano, chorale, spectacles.

Tour à tour, vêtues en tahitiennes ou une simple casquette sur la tête, nous hululons en chœur et pas toujours en rythme, des refrains exotiques et colorés, dont certaines paroles me reviennent par moments.

« Ma pouha riquité... » C'était nous disait-on, du tahitien.

« Nous sommes les *pé-té-té*, les petits facteurs des postes » ça c'était du français. C'est quoi à propos, les pé-*té-té ?*

Les moyennes gambadent, à demi-nues, le dos encombré d'ailes de papillons rebrodées de paillettes. Mais nous admirons et envions les grandes, qui ont toujours le beau rôle.

Vêtues de robes 1925 et de longs colliers, perchées sur des chaises et susurrant d'un air tragique digne de l'opéra-bouffe, certains couplets surréalistes et irrésistibles, du style de ce dernier :

« *Oh petit rat sois bien sage,*
Ne bouge pas !
Et reste dans cette cage,
Jusqu'au trépas !
Je sais bien que l'on te réserve,
Un triste sort,
Mais pour la pauvre qui t'observe,
Fais un effort ! »

D'un spectacle à l'autre, je n'ai jamais percé le secret des archives des nombreuses « ma sœur » qui nous entouraient. Mais leur répertoire était inépuisable, et toujours, inénarrable !

Nous, les enfants, étions d'autant plus conquis que nous ne comprenions pas tout du contenu de nos prestations et n'en pensions pas moins que c'était affaire sérieuse.

Entre les répétitions, un jovial curé tout rond, tout rose, le béret coquin et le verbe haut, nous entretenait d'histoires drôles.

« N'écoutez pas tout ce que vous dit Monsieur le Curé ! » Nous répétaient inlassablement les sœurs toujours présentes, l'oreille attentive et le doigt verbalisateur. Mais Monsieur le Curé est toujours auprès de nous, assuré de son audience.

Juifs, Chrétiens. Qu'est-ce à dire ? Il n'y a qu'un seul peuple et un seul charivari, pour les enfants de Gabès.

Certes au jour des communions solennelles, nous marchons avec envie dans le long défilé qui traverse toute la ville, aux côtés de nos camarades, drapées de voiles, de broderies et d'organdi, transformées en autant de petites mariées. Elles sont belles et nous les envions.

Mais pour les jours ordinaires, nous entonnons les « Ave » avec la même joie et volons les bouts de cierges avec la même dextérité pour en faire du chewing-gum en ces temps de pénurie.

À Pâques, c'est chez nous, les juifs que se fait l'affluence, ou à Pourim. Les enfants toujours eux, sont mis à contribution. D'une maison à l'autre, il nous faut porter l'assiette de gâteaux, enserrée dans un torchon noué.

Cette même assiette, toujours accompagnée de la procession d'amis, nous la ramenons pleine des mêmes gâteaux, faits par la voisine, l'amie, la tante, qui à son tour, rend l'offrande en y ajoutant quelques étrennes pour nous.

Selon la tradition, la rue est ce jour-là, transformée en casino de plein air. Une multitude d'enfants, accroupis à même le sol devant des caisses de bois montées sur pieds. On s'installe en vis-à-vis pour une partie de totons, de jeux de hasard, de cartes ou de dés.

Ces jeux sont réservés aux enfants ; les modiques étrennes circulent de table en table. Ainsi est respectée la tradition qui interdit à tout juif de se fier au hasard, mais lui impose d'y croire un jour par an : Aman ministre du terrible roi Assuérus ayant fixé aux dés, le jour de la destruction du peuple juif.

Par son courage la jeune reine Esther en révélant au roi sa propre identité et ce funeste et injuste projet, fait de ce jour un jour de triomphe pour son peuple.

Pour *Souccoth*, les palmes odorantes aux aiguilles vives, s'entassent sur la terrasse. Toute la semaine, nous prenons nos repas dans cette fragile cabane, à l'odeur si particulière, de dattes fraîches de palmes et de grenades bien mûres.

Cette cabane, est une oasis de paix, un îlot de bonheur où nous mangeons au coude à coude, car cette époque ne redoute pas encore les belles familles nombreuses.

Chapitre 4

« Transformer en conscience la plus grande expérience humaine possible. »

André Malraux

Mon père fils unique, était talonné par les femmes dans sa propre famille : Nous étions six filles ! Personne ne nous l'a jamais caché, chacune d'entre nous, représentait la tentative avortée de voir naître un garçon pour perpétuer notre nom, aujourd'hui disparu.

Des frères, nous en eûmes pourtant deux. Le premier, un superbe bébé blond aux yeux pervenches empruntés à ma mère ; rieur espiègle, attendu, entouré, adulé, il nous quittait à trois ans, terrassé par une méningite que les temps de guerre et l'absence d'antibiotiques, n'avaient pas permis de vaincre.

Nous l'avons vu partir dans une petite boîte, recouverte d'un drap blanc, porté sur les épaules de la marée humaine des amis de mes parents définitivement inconsolables. Vivi est parti.

Le second fut encore un frère de passage. *Abdallah* !

En rentrant de l'école, nous découvrons un jour, un petit mendiant enturbanné et en loques, accroupi au pied de notre immeuble.

Comme cela se faisait toujours, nous lui portions à chaque repas, des victuailles. Abdallah avait un joli visage fin, basané, malgré son œil perdu par le trachome. Il vint s'accroupir tous les jours au même endroit.

Chaque mendiant ayant son gîte dans ces contrées. Le nourrissant, nous prîmes l'habitude de rester près de lui pendant qu'il mangeait, de lui parler, de lui faire raconter son histoire. Il avait notre âge ; ses frères l'avaient chassé et jeté à la rue à la mort de son père.

Nous ne pouvions admettre une telle misère, un tel abandon, une telle détresse, nous qui étions si choyées, si protégées. Peu à peu, les stations se firent plus longues. Nous gardions pour lui desserts et goûters.

Nous refusions de le nourrir après le repas. Et exigions d'assurer sa subsistance avant de passer à table. Les colères de mon père – habituellement épiques et redoutables – se firent fréquentes devant notre manque de ponctualité à la table familiale.

Lui si intransigeant sur ces principes, ne put nous vaincre. Nous n'avions pas peur, notre cause était grande. Peu à peu, une idée folle naissait dans la tête des « filles de mon père » : Prendre Abdallah à la maison.

Un garçon étranger dans une maison de filles, à Gabès ! Une guerre de position commença. À chaque repas, à chaque réunion familiale, l'une d'entre nous prononçait le nom d'Abdallah. Aussitôt les fourchettes se reposaient sur la table. Un concert commençait dès lors. À tour de rôle nous poussions notre sanglot; le refus de manger restant collectif. La maison fut chaude entre le père et ses filles.

Un jour enfin, il nous fallut utiliser les grands moyens : Imaginez à Gabès, les filles d'un notable de la ville, accroupies dans la rue auprès d'un mendiant, en plein midi. Refusant de réintégrer le gîte familial, tant qu'Abdallah n'aurait pas de toit.

Cela ne s'était jamais conçu de mémoire d'homme et moins encore de mémoire de gabésien.

C'est ainsi qu'il devint notre frère. Aujourd'hui, je sais ce qu'il fallut de courage et d'affection à ma mère, pour soigner cet enfant à la tête dévorée par les teignes et la gale, avec les seuls moyens du moment. Des semaines durant, elle le fit, toute seule. Il guérit, il devint beau et souriant. Il fut des nôtres.

Il tapait du pied – Il avait beaucoup de caractère – et boudait contre le mur, si les chaussures neuves des fêtes arrivaient pour les « filles » et pas pour lui. Toujours, si nous étions ses sœurs, ma mère resta pour lui *Madame*, et mon père *Patron.*

Avec ma mère, il jouissait d'une complicité absolue, dont nous étions exclues. Surtout pour réparer nos sottises, et déjouer les colères du *Patron.* Leurs éclats de rire nous parvenaient sans cesse.

Très affectueux, il tenait à bercer le bébé de la maison, car il y avait toujours un dernier bébé chez nous. Chantant une berceuse de Mozart qu'il nous entendait chanter dans un arrangement personnel et extravagant, musique et paroles.

« *Mon bel ange li va dormir*
Les oiseaux li vont venir… »

Courageux, plein d'humour, sa place ne fut jamais contestée dans la famille. Le qu'en-dira-t-on lui-même, n'y trouva rien à redire.

À l'honneur de mes parents, je dois dire que jamais, ils ne tentèrent d'en faire un juif. À l'heure des prières, il descendait au garage remplir ses devoirs. Il n'ignorait rien cependant de nos rites et de nos croyances, et nous rappelait à l'ordre au moindre manquement.

Après bien des années, ce frère de cœur nous a aussi quittés. Dans sa vingtième année, au plus fort des événements de l'indépendance tunisienne, il prit l'habitude de disparaître, sans explications.

Un jour enfin il réapparut, malgré les soldats français en armes sur notre terrasse. Enveloppé jusqu'aux yeux d'un burnous. En serrant la main de mes parents il leur dit rapidement la vérité ; il était *Fellagha !*

Nous ayant toutes embrassées, il est parti furtivement. Nous ne l'avons jamais revu. Cher grand frère d'une autre couleur.

Que de souvenirs communs partageons-nous. Que de fêtes et d'émotions; que de jeux d'enfants et d'histoires de nos grands-mères, racontées en judéo arabe; tu les connaissais par cœur. Comme nous tu ne te lassais pas de les réentendre et tes éclats de rire résonnent encore à mes oreilles.

Comme nous, tu avais tes moments d'insolence, de refus et de caprices. Tu nous aimais bien et nous de même.

Mais au fait Abdallah… Quel est ton véritable nom?

Chapitre 5

« Vivre, n'est qu'un fragment… de quoi ?
Vivre, n'est qu'un écho… de quoi ? »

R. M. Rilke

Le dimanche c'est jour de plage. Des clochettes tintent au pied de l'immeuble, les naseaux des chevaux fument, le signal est donné. La tribu dévale l'escalier en hurlant de joie, et c'est déjà l'empoignade pour décider qui des plus jeunes, voyagera sur le siège, aux côtés du cocher.

Sitôt que la calèche prend le pas, des enfants en loques, courent et s'accrochent à la barre arrière, pour se faire tracter un moment. C'est sans compter sur la vigilance d'Argus le cocher. Sans même tourner la tête et d'un seul coup, sa longe dessine une arabesque au-dessus de nos têtes et s'en va décrocher les petits clandestins. Mais tout au long de la traversée de la ville, c'est un jeu incessant, et un groupe suit l'autre.

À genoux sur la banquette à l'arrière de la calèche nous hurlons de joie pour encourager les plus adroits, à tenir le plus longtemps possible.

À la plage les victuailles sont déballées dans la grande cabine blanche sur pilotis. Sans oublier l'inévitable Primus, simple réservoir de pétrole muni d'une mèche qui servira de point chaud pour la cuisine. À tour de rôle et en maugréant, il nous revient de « pomper » pour en activer la flamme, et dorer l'omelette aux truffes du déjeuner des dimanches à la plage.

Dans l'eau, point n'est besoin de professeurs pour nager en famille, cela s'apprend comme marcher ou manger, privilège des enfants nés au bord de la mer. Les problèmes viendraient plutôt de l'équipement. Fin de guerre et de matière première, le maillot est tricoté à la main en laine non décatie !

Dès le premier plongeon, alourdi par l'eau, le fond de culotte atteint les chevilles et la laine grossière brûle le corps. C'est un peu en reproduction, Hercule et la tunique de l'Hydre de Lerne. Démarche de canard et gratouilles incessantes, mais que de rires et de joie !

On est à la plage, et l'on ne saurait bouder pour si peu après ces années de misère ; le bonheur est intact.

Le paternel nous rejoint au déjeuner, perché sur son vélo du fin fond de Menzel, à l'orée de l'oasis où se trouvent ses dépôts. Coiffé de son béret basque ou de son casque colonial blanc l'été, kaki l'hiver. Vêtu de son éternelle saharienne couleur de sable l'été et marine l'hiver.

Après le déjeuner, se renouvelle le supplice hebdomadaire pour les filles. Allongées sur le sable, calcul mental, tables de multiplication, et règles des accords du participe passé agrémentent notre repos.

Le juge est impitoyable, malgré nos regards envieux vers les vaguelettes translucides qui nous interpellent. Des hurlements frénétiques accompagnent l'heure de la libération pour reprendre avec une joie que je conserve intense à sa seule évocation, plongeons et courses dans l'eau.

L'arrivée de la calèche à la tombée du soir, annonce le retour et la reprise du quotidien.

Il a fallu un jour quitter cette plage infinie, blanche de sable fin, bleue de mer. Plage déserte, qui fut tellement nôtre. Inoubliables sont restées gravés en moi, l'odeur de varech et la vue des tamaris.

Le tamaris reste pour moi un moment d'émotion toujours renouvelée. J'aime le tamaris, cet arbre de mon enfance. La couleur qui ne se décide pas, la forme qui ne se définit pas, l'odeur qui n'existe pas.

Il est là pourtant, présent et fragile, gracieux et pénétrant.

La vue d'un tamaris c'est revivre ma plage dans ses transparences et la douce sécurité de l'avant aujourd'hui.

Chapitre 6

En dehors de la famille et de la « bande », à Gabès, une autre présence était permanente : La France !

C'était une ville de garnison, protégeant les portes du Sahara. Nous vivions parmi les pilotes et officiers, dont les femmes désœuvrées et loin de leur pays, alimentaient la chronique et la vie sociale.

La France était omniprésente. À l'école ou dans la vie de tous les jours. Les institutrices s'appliquaient à nous faire réfléchir ou rêver en bons petits métropolitains.

En ai-je décrit des veillées familiales au coin du feu pendant que tombait la neige, dans ce pays de canicule, moi qui ai vu mon premier flocon à vingt ans.

Nous savions tout du moindre massif montagneux français, mais ignorions sans complexes que la Tunisie eut ses propres promontoires. Pour moi les provinces de cette France si présente, avaient pour nom *Alsacienne, Savoyarde, Niçoise.*

C'était une simple histoire de costumes réalisés dans le détail par les mamans pour les enfants des écoles. Costumes que nous revêtions tous les onze novembre pour défiler gantés de blanc, derrière les gerbes officielles, avant les Spahis, ces farouches guerriers du Sahara, drapés de leur cape bleu touareg et caracolant sur leurs superbes et blancs chevaux arabes.

Muets et émus, nous assistions à la cérémonie, immobile et impressionnés, devant l'affreuse statue du monument aux morts. Discours hors de notre entendement, musique militaire, dorures, parade, uniformes.

C'était « La France », et nous en étions pour quelques instants. Voilà le quotidien, dans cette ville du bout du monde, aujourd'hui endormie pour toujours.

Îlot de solitude, Gabès a développé son propre système de valeurs. Les gendarmes et le curé, les bonnes sœurs et les maraîchers, les grands-mères, la famille, l'école, la rue, les amitiés, dans ce grouillement de vie, comment ne pas s'envoler ?

Chapitre 7

Je réalise aujourd'hui, que le monde des adultes nous était en fait totalement occulté. Ils nous aimaient, nous entouraient, mais leur présence physique était discrète. Avec le recul des ans, j'oserais dire qu'en réalité, nous ne les connaissions pas.

Où travaillaient-ils, que faisaient-ils de leurs journées ? Nous ne nous posions pas de questions. Dans cette ville caserne, les groupes sociaux nettement déterminés, se côtoyaient sans se fondre.

Les Arabes vivaient de leurs terres. Cultivateurs et maraîchers, ils approvisionnaient la ville, et retournaient à leur oasis, à la mi-journée.

Les juifs se cantonnaient à Djara. Ils vivaient en autarcie dans une pauvreté décente, d'étude de la Bible et de petits négoces : alimentation, vente de tissus, orfèvrerie.

La minorité juive qui vivait en ville, était fondue dans la masse, sans pour autant s'assimiler à ceux que nous appelions les *catholiques*. Notre monde semblait tout ignorer des protestants.

Les *catholiques* étaient des Français nés en Tunisie depuis plusieurs générations.

Corses, Italiens, Maltais, ils partageaient totalement notre accent, nos coutumes et nos goûts alimentaires. Nous partagions leur culture à l'école, dans la rue, à la mané.

Tout en haut de la pyramide, se trouvaient les intouchables : les Français. Tous militaires, importés de fraîche date. Ceux-là étaient pour nous, véritablement des martiens. Vivant dans leurs Cercles hermétiques, autour du minuscule aéroport, et se baignant au « *Club* » à la plage.

Quelle idée de s'enfermer derrière des joncs sur une plage aussi belle et infinie que celle de Gabès.

Les femmes s'appelaient toutes Femmes d'officiers, allez savoir pourquoi. Chez mes parents qui en recevaient parfois, je les entendais parler d'ordonnances, là où nous parlions de domestiques ; et s'exclamer de ce mot merveilleux de *sapristi*, totalement inconnu de notre jargon imagé et méditerranéen.

Leurs enfants ne partageaient jamais notre route, sur le chemin de l'école et dans nos jeux de rue. Mais c'était une entité importante, « les Français » !

Est-ce à dire que la vie était ainsi, toujours, couleur de guimauve et décor de carton-pâte ? Non ! Gabès me laisse des souvenirs douloureux, impitoyables. Mais je les ai volontairement et définitivement enfouis au fond de ma mémoire.

Ce dénonciateur arabe, le doigt pointé vers nous. Et nous, terrorisés, écrasés contre la paroi de la tranchée, creusée dans le jardin de la grand-mère. Notre maison en ville est réquisitionnée par l'état-major italien.

L'arme du soldat allemand qui l'accompagne, pointée sur la tempe de ma mère, et moi qui lui tiens la jupe en hurlant. Conduite à l'intérieur de la maison elle lui remet les panneaux de feutre rouge où sont accrochés ses magnifiques bijoux de jeune femme gâtée.

C'est pourtant la fin de la guerre, et les soldats de l'Afrika Korps sont en déroute. Trop jeune pour avoir la mémoire de ces événements dans leur intelligence, ces deux flashs ne sauraient pourtant me quitter

Chapitre 8

« Une école ne doit jamais être fermée, même pour reconstruire le temple. »

Talmud

L'école juive est au fond de la cour de notre école. Dans un bâtiment désaffecté, deux salles sombres et sans fenêtres, équipées d'un matériel vétuste, étaient réservées à de jeunes enfants aux têtes couvertes, aux pieds chaussés de bruyants sabots de bois.

Nous sommes en 1949 ! Vichy et la guerre sont loin. Furtifs, invisibles, les yeux baissés, effrayés. Nous n'avions aucun contact, car l'entrée principale ouverte sur la rue, leur était interdite. Ils accédaient à leurs locaux en un long détour par une porte dérobée donnant sur l'oasis.

Nous les rencontrions rarement, les rencontres étant interdites et les récréations différentes. Bannis coupés de notre monde factice d'imitation et d'opérette, j'ignorais alors, pourquoi ils étaient là.

C'était *l'école juive*. Entité fantasmagorique.

Je sais aujourd'hui que ces pauvres enfants débraillés, coiffés de bérets et de foulards, étaient la certitude et l'avenir de notre peuple. Je ne me doutais pas en ces temps, qu'ils étaient les miens, qu'ils étaient mon peuple ! Je voudrais tant revenir en arrière, hurler pour eux cette révolte découverte plus tard.

Je ne peux aujourd'hui retenir mes larmes et ma violence en songeant à quel point cela nous semblait naturel dans notre imaginaire d'enfants contraints et manipulés, de voir pointer vers ces lieux interdits de la cour, le doigt sévère de nos institutrices françaises. Le mal, les vols, les poux, tout venait toujours de « Là ».

Et nous écoutions ces grandes déclarations, propres et astiqués, en rang dans la cour. Nous n'étions pas des leurs.

Comment ai-je pu ignorer si longtemps cette fraternité, cette injustice que je ne pourrai à jamais combler. Comment pouvions-nous accepter, ignorer, méconnaître.

Qu'est-ce que l'éducation, sinon le pouvoir d'occulter ? Ah ! Petits frères juifs de Gabès, comme vous manquez aujourd'hui à mon enfance.

Comme vous manquez à mon éducation juive.

Bien sûr, vous n'étiez pas totalement abandonnés. La Communauté s'occupait de vous. Mon père et tant d'autres s'agitaient, se démenaient, s'investissaient. Mais c'était un problème rigoureusement à part, comme le travail. Une histoire d'adultes en somme.

Une affaire de bienfaisance sinon de bienséance. C'est quoi la solidarité ? Quand et où doit-elle prendre racine pour notre peuple ? Quand et où, doit-on l'enseigner aux enfants ?

Apparemment, nous vivions pourtant un judaïsme tellement ouvert, sans danger ni contraintes. Ces enfants sales et mal aimés, ne l'étaient pensais-je, que par leur allure différente. Nous ne nous sentions en rien concernés. Voilà l'inoubliable mensonge.

Mais je comprends mieux pourquoi par ailleurs à la maison, mon enfance a été bercée par les récits de mon père, de ce que serait notre vie, après « l'émigration ».

Nous parlions d'émigration comme d'autres parlent de vacances. Tous nos projets, tout l'avenir était lié à cela : l'émigration.

Chapitre 9

Ah! Cet Eldorado nommé Israël. En avons-nous été assaillis, enveloppés, gavés. Dès l'âge de dix-sept ou dix-huit ans, les cousins disparaissaient les uns après les autres. Un beau jour dans des transits plus ou moins clandestins.

De ces mystérieuses disparitions il nous fallait ne rien laisser paraître. Il nous fallait en parler sous cape, entre nous, sans rien en révéler au-dehors.

Et ce jour de 1947 inoubliable pour moi, dans le salon aux volets clos. C'était un vendredi.

Ma mère nous avait toutes appelées à voix basse : Venez vite au salon; avec une voix de conspiratrice, le doigt sur la bouche. Chut!

Nous sommes entrées. À cette heure de la matinée mon père aurait dû être au travail, mais il était là.

Que se passait-il donc de si extraordinaire?

Le paternel nous accueillit avec un « chut » renouvelé. L'énorme poste de TSF était allumé. Mais le son était si bas qu'il nous fallut nous regrouper autour en un cercle bien hermétique. Les grands-mères étaient là aussi dans l'attente de l'évènement. Nous ne comprenions pas tant de solennité. Soudain un mot surgit brusquement d'un communiqué radiophonique, et ce fut l'explosion : Israël existe!!

Jamais je n'oublierai. J'avais neuf ans mais cet instant est une permanence inaltérable en moi; il est la centralité de mon être. Les cousins, ces merveilleux compagnons de jeux et d'affection avaient déjà, en secret, quitté la Tunisie par des périples douteux. Bateaux clandestins et mariages blancs.

Les mouvements de jeunesse sionistes se chargeaient de les conduire vers la lumière. Nombre d'entre eux sont depuis tombés au front.

Là dans le salon clair-obscur, laisser son cœur éclater de joie sans bruit pour que rien ne transparaisse au-delà de la porte. Hurler de joie en silence pour ne pas se dévoiler en terre hostile.

Les embrassades des parents qui nous serrent dans leurs bras; les larmes qui coulent sans honte, la joie étouffée mais si profonde si intense tellement libératoire. Israël existe.

L'instant de cette naissance est resté gravé dans mon cœur en une énorme et bruyante explosion de tout mon être. Cet instant se déroulait pourtant dans un silence intense. Nous n'étions plus une famille, nous étions un seul être tendu par l'amour, la joie, la libération; une libération tenue au silence et à l'expression maîtrisée. Enfermés les uns dans les autres ce fut un moment de grâce indicible.

Les grands-mères qui avaient connu l'une le pogrom de Tripoli l'autre le pogrom de Gabès sanglotaient sans retenue. Leurs larmes de joie se mêlaient de propos de tristesse pour tous ceux qui n'étaient plus là pour connaître ce jour.

En judéo arabe elles murmuraient bénédictions et rappels des disparus. Eux aussi devaient apprendre la nouvelle attendue depuis deux millénaires. Il fallait le leur dire : Israël existe! Que de larmes, d'embrassades et de rêves possibles.

L'école juive fut en peu de temps, réduite à sa plus simple expression, par l'émigration enfin autorisée.

Et ce ne fut plus qu'une obsession : un jour je serai là-bas. Huit ans. Il me fallut attendre huit années pour enfin réaliser ce rêve.

Chapitre 10

Petits juifs méprisés de Gabès, vous êtes aujourd'hui, parmi les pionniers du pays de l'espoir permanent. C'est vous qui désormais, pouvez m'adresser des regards de pitié en mon exil de fin des temps.

Oui, ai-je écrit plus haut; juifs et chrétiens, il n'y a qu'un seul peuple pour les enfants de Gabès. J'ignorais alors, que le statut social ou la notoriété, évitaient à un enfant juif, l'infamie de l'école juive.

Nos parents pensaient certes, faire un choix réaliste par une éducation ouverte, riche, cultivée. Cette éducation a fait de nous, des natures hybrides, à cheval sur une espérance d'appartenance toujours plus fuyante, et la certitude de n'être de nulle part.

Certitude que nous avons déjà léguée à nos enfants.

École juive, béret, sabots, foulard. Choix difficile pour les parents. Ou alors, l'émigration? Hier, aujourd'hui, demain? C'est quoi la certitude?

Mais je refuse de larguer les amarres de Gabès, sur l'amertume ou la douleur. J'aime plus que tout la douceur et la nostalgie. Je terminerai ce périple sur une image, un son, un climat.

Une fois l'an, l'accordeur de piano venait de Tunis à cinq cents kilomètres de là, pour accorder notre instrument, malmené par quatre apprenties musiciennes. Le voyage était long et fatigant. Il passait donc la nuit chez nous.

Non! Jamais mon cœur n'oubliera. C'était un juif espagnol – d'une grande famille – ajoutait ma mère. Il travaillait vite d'une main sûre. Tous les ans nous l'attendions, c'était la fête, la fascination.

Après le dîner tous réuni au salon, nous sombrions dans un régal de musique authentique.

Les balcons grands ouverts, laissaient entrer à flot l'air chaud et doux. L'odeur d'Eucalyptus, et, là, Manuel de Falla, autour de nous, en nous.

Comment effacer, comment oublier, comment accepter la disparition d'un tel univers.

Avenir oui, tu me tiens
C'est cela le réalisme ?

Chapitre 11

> *« Pourquoi pleurez-vous ? Parce que tout est fini, parce que rien ne sera plus comme avant. »*
>
> Clara Malraux, *nos vingt ans*

Un jour, il nous fallut quitter Gabès, pour un marathon obsessionnel : la course aux études du père aux six filles et de son « *passe ton bac d'abord* » !

Nous avons quitté Gabès par obligation de service, pour cause de « Cours Complémentaire ». Un établissement il est vrai fort peu reluisant, digne de la classe du certificat d'études décrite par Colette, et dont il me reste des images inaltérables.

Des professeurs négligés et négligents, visiblement aigris et désabusés de nominations peu prestigieuses et éloignées de leurs espérances.

Ils étaient si différents des instituteurs méticuleux de notre école élémentaire ! Authentiques Hussards Noirs de la République, dignes émules de Jules Ferry, missionnaires venus porter haut la culture républicaine aux « territoires d'Afrique ». Nous leur devons tout.

L'appétit de connaissance, l'amour invétéré de la lecture, de la poésie, de la culture, et surtout, l'amour de la France. Ils étaient dans leur rôle de colonisateurs me dira-t-on aujourd'hui sur l'air destructeur ambiant. Puis-je pourtant, leur reprocher sans une émotion réelle d'avoir fait de moi ce que je suis devenue ?

Au Cours Complémentaire, qui s'arrêtait au Brevet, l'incompétence le disputait à l'indifférence. Le jovial, et opulent Monsieur Delon quittait à regret ses agapes arrosées, pour nous retrouver. Une fois effondré sur son bureau, il nous régalait en postillonnant dans son accent ensoleillé de ses homériques parties de pêche à la truite, « là-bas en France, où coulent de vraies rivières ».

Passionnés par ses cours de Sciences dites Naturelles, nous passions le temps sous son nez à disputer d'héroïques parties de batailles navales.

Mixité culturelle oblige, il me reste le souvenir de l'inoubliable Monsieur Ayachi, notre professeur d'arabe, sa chéchia rouge en agitation permanente, toujours vissée sur le crâne. Son large dos était une cible parfaite pour l'atterrissage de nos avions de papier. De cette année de sixième et de cours d'arabe, il me reste quatre syllabes, les quatre premières lettres de l'alphabet arabe : Alif, Bâ, Ta, Fa. Merci pour votre immense patience face aux galopins que nous étions Monsieur Ayachi !

Nous voilà donc pour raison culturelle, transférés de Clochemerle à Sousse, la « cité ».

Cinq cents kilomètres de route, le monde de l'enfance qui s'écroule, pour un monde qui naît. Brusque réveil et nostalgie. À Sousse adieu les galopades effrénées dans la rue, adieux indiens, cow-boys et mon cheval imaginaire resté lui à Gabès.

Pour la première fois dans cette grande ville, s'ouvre à la petite Gabésienne aux ornières de caserne, la découverte de la diversité, du partage des valeurs sans concession, et de l'éducation ouverte à tous.

Gabès ville de garnison et de murailles : Les juifs méprisés et interdits de cité, sont – sauf pour les privilégiés –, à l'école juive au fond de la cour. Je ne l'avais pas remarqué jusque-là, mais au fait, il n'y avait pas un seul élève arabe parmi nous. Où étaient-ils donc ? Je ne saurais répondre !

Sousse c'est la découverte de la colonisation constructive, source de progrès. Au collège de jeunes filles les Najat, Samia ou Nejiba, se mêlent sans distinction aucune aux Patricia, Danièle ou Cécile. L'inévitable blouse grise de l'uniforme renforce l'anonymat égalitaire de la promotion pour tous.

En y réfléchissant, de Gabès à Sousse, j'ai vécu les deux aspects de la France coloniale, source des conflits et divisions idéologiques d'aujourd'hui, sur le territoire national.

La France militaire du grand sud, du Sahara à Gabès. France étriquée du sectarisme, des privilèges, du mépris, des murailles de la division et du racisme éclectique et sous jacent.

La France de Sousse, la France du Sahel et son œuvre généreuse et bienfaitrice. France qui nous a imposé *le vivre ensemble* si à la mode dans les mots d'aujourd'hui et pourtant si loin dans les faits !

Dans nos classes de collège, nous avions appris à nous découvrir semblables, en une totale égalité, en un respect mutuel, sans la moindre fêlure. Nous n'étions toutes que les blouses grises du collège de jeunes filles !

Dans la France de Sousse, nul d'entre nous n'aurait même imaginé l'altérité de l'autre, une fois franchi les portes de l'établissement. Arabes, Juifs, Italiens, Maltais, l'objectif était le même : apprendre pour être meilleur.

Les jeux, les sourires les espoirs, étaient identiques, les amitiés fidèles et solides.

Cette France-là, de Saint Denis à Marseille, la France d'aujourd'hui a décidé de l'oublier et d'avoir honte d'elle-même. Elle fait mine de ne plus savoir faire.

C'est à nous, petits immigrés de la France des colonies d'hier, de lui dire : Vas y la France ! tu nous as tout donné ! Avec la vie et l'ouverture au monde, nous te prenons à bras le cœur sans restriction ni regrets.

Chapitre 12

« Et la mer au matin, comme une présomption de l'esprit. »

St John Perse, *Éloges*

Il me reste de Sousse, la nostalgie du collège, de ses blouses grises, de l'étude et de l'amitié. Mais Sousse est avant toute chose, l'univers de la mer !

Notre maison est loin de la ville sur les hauteurs. Les parents amateurs de bonheur tranquille, ont acheté ce qui fut – parait-il –, le pavillon de chasse du sénateur Gallieni, sur une terre sauvage, entourée d'oliviers. Dans ce domaine propice à l'évasion, chacun d'entre nous a son univers végétal.

Les murs de clôture disparaissent sous les guirlandes multicolores et odorantes des pois de senteurs maternels. Le père entoure de toutes ses attentions, ses orangers d'Hammamet, plantés de ses mains. Les petites sœurs vivent perchées dans les oliviers centenaires. Mon refuge reste le vieux figuier. Je me blottis et disparais dans ses branches vigoureuses, un livre à la main.

De juin à octobre, le soleil est tenace, et le soleil à Sousse, c'est avant tout : la plage.

Ici point de calèche, de parents, de cabine. Libres comme l'air ! Une serviette jetée sur les épaules, bientôt abandonnée sur le sable. Les groupes et bandes de jeunes, se définissent par leur « lieu-plage ».

Il y a ceux des escaliers rouges, ou ceux des escaliers blancs. Le lieu géographique sur la grève, détermine les habitudes et le statut du groupe ainsi constitué. Une seule évidence : la plage est le royaume incontesté et exclusif des jeunes soussiens.

La route est longue et caniculaire, mais à l'arrivée, c'est toujours l'éblouissement, la hâte de sombrer dans la transparence. Ici la mer est un miracle renouvelé à chaque approche.

Certains jours de sirocco, elle apparaît étale, striée de traînées blanches miroir éblouissant, qui la fondent dans le ciel et la confondent au rivage. L'appel est fusionnel, courir s'y jeter goulûment sans attendre, épousailles renouvelées à chaque plongeon, un bonheur égoïste épicurien, tellement loin de tous les quotidiens encombrants.

Quelque part, dans mes très lointaines origines, j'ai dû avoir quelque chose du lotus ou du nénuphar : Je ne m'enracine en effet que les pieds dans l'eau et la tête au soleil !

Point de tubas, de masques, ou d'artifices. J'appartiens à cet infini bleuté par toutes les fibres du corps, de la pensée.

Nager, nager, à en perdre le sens du temps, de la distance. Se fondre dans les profondeurs de l'eau, se laisser glisser jusqu'au « Grand Bleu » miracle de notre enfance, de là d'où l'on ne voit plus les baigneurs sur la rive. Être seul entre ciel et eau, plonger, se couler sur le sable dans les profondeurs. Oublier que l'on est, faire corps avec le miroitement, appartenir, s'appartenir.

Dans l'eau je me glisse, je me liquéfie, je me laisse aller à cette transparence glacée, limpide et attirante. Je me libère de moi-même. Chevaucher le rayon irisé qui troue la profondeur marine. Silence et attirance, attirance et silence. J'appartiens à ce monde par chacune de mes fibres.

Luxe de langage que seule la mer peut apporter. Solitude du large, plénitude du fond marin. Plonger et, par une trouée de l'eau obscure, apercevoir l'éclaboussure d'un rayon de soleil qui perce et irradie alentour. Se retourner tête vers le haut et se demander : Pourquoi remonterais-je ?

L'attirance du fond est sans égale. L'appel est puissant, les couleurs t'absorbent. Mais tu remontes de toi-même et la magie s'arrête brutalement.

En haut tout est semblable. Contrairement ou pareillement à ce qu'écrit Baudelaire, c'est au-dessous que tout est « *luxe, calme, et volupté* ». Ici, je suis un présent qui s'écoule, un futur qui s'interrompt. Évasion, appel du large, ici je suis « moi ». Je me combats, je me cherche, je tente… l'avenir !

Au-dessus, le soleil t'écrase et le monde est pareil. Qu'y fais-je ? Qu'y suis-je ?

En y réfléchissant, de notre lointaine et brusque émigration, il me reste une souffrance réelle, le goût amer et permanent de cette privation, de ce manque de mer. Absence définitive de cette mer-offrande qui fut mienne, et qui ne sera plus. St John Perse seul sait parfois m'en rendre les embruns et les émotions.

Perte définitive d'une infinie jeunesse rieuse, joueuse épanouie. L'émigration fait de l'enfant émerveillé, un adulte déclassé, réaliste, en retrait, pour toujours.

Deuxième partie

1956
Commencement de la fin ?

Chapitre 13

> *« Dans la rue, on baigne dans la haine antisémite. N'est-il pas naturel qu'on parte d'un endroit où l'on vous hait tant ? L'horrible honte de vivre toujours sous protection. »*
>
> F. Kafka, *Lettres à Milena*

Nous sommes en juillet 1953. Je suis face à mon père dans la « Micheline » qui nous ramène de Tunis. Ses rendez-vous se sont bien passés et comme à chaque voyage, j'ai eu droit à ce déjeuner en tête à tête dans l'un des coquets restaurants de la capitale.

Certes pendant le repas, sur la grande avenue, des jeunes, drapeau tunisien en tête, ont envahi le bitume en hurlant « *yahia Bourguiba* », et la police n'est pas intervenue.

Une identité nationale qui émerge.

Mais cela n'a rien de surprenant ces derniers mois ; l'indolente Tunisie connaît des troubles violents enrobés du terme vague « *d'événements* ».

Le père est silencieux, comme rentré en lui-même. Il est ailleurs et je n'ose le déranger dans ses pensées. Les voyageurs arabes du compartiment sont eux aussi, particulièrement discrets. Le burnous rabattu sur la tête, ils échangent, de bouche-à-oreille pour n'être pas entendus des voisins.

En fait, je l'ignore car je n'ai que 13 ans, mais Mendes France vient d'annoncer le projet d'autonomie du protectorat tunisien. Les commerçants – juifs pour la plupart –, ont échangé avec mon père leurs inquiétudes pour l'avenir. De ces conversations d'adultes à demi-mot, j'ai juste compris que de « graves événements » se préparent.

Les juifs de Tunisie sont pour certains italiens livournais, rarement français, mais le gros des troupes est tunisien. L'arrivée de la France en 1881 (Traité du Bardo) a donné à nos grands-parents, l'État civil auquel ils n'avaient pas droit sous l'empire ottoman. Grâce à la France ils sont enfin sortis de leur qualité de citoyens de sous-ordre : les dhimmis.

Analyser la présence de la France se résume pour moi en une simple image : mes grands-parents parlaient judéo arabe et n'avaient aucun droit, ni même, d'État civil, ma mère passait son certificat, participait activement à la vie civile, et j'arrivais en Sorbonne : voilà en quelques phrases l'histoire des juifs de Tunisie ce dernier siècle, et ce qu'ils doivent à la France !

Mais revenons au débat !

Le collège de jeunes filles de Sousse est un modèle du genre. La France a réalisé là, une œuvre pédagogique exceptionnelle. Locaux rutilants, fonctionnels, une équipe pédagogique de choc. Diversité totale d'options et de possibilités. Des exigences de résultats et de comportement (y compris en dehors de l'établissement) et l'éternelle blouse grise.

Dans toutes les classes les élèves se répartissent en trois tiers équivalents : Français d'origine, juifs et musulmans. Nous avons ensemble franchi les échelons et les matières, les versions latines et les fameuses *compositions*.

En 1954 nous sommes en classe de 3e et pour la première fois, l'une de nos camarades musulmane se lève en classe et traite le professeur d'histoire de « colonialiste » ! C'est une première que nous n'aurions jamais osé imaginer dans ce monde organisé, calfeutré, à l'abri des secousses de l'extérieur.

Les premiers échanges aigres doux se font jour à la récréation. Premiers regards de haine et de suspicion. Un monde s'effrite peu à peu.

Quant à nous les enfants, par l'école des diatribes, nous commençons à comprendre que nous sommes juifs et différents.

Un nouveau jour se lève !

Pour les jeunes juifs la tendance est au changement radical. Nos ébats scouts à la Baden Powell dans des champs en dehors de la ville, se transforment pour la plupart des mouvements de jeunesse, en exercices d'autodéfense.

Pour ce qui est de l'Hachomer Hatsaïr – « La jeune Garde » mouvement de jeunesse sioniste progressiste – s'y ajoutent dans le plus grand secret des séminaires de préparation au sionisme, au marxisme, à la vie au kibboutz en Israël.

Nos parents nous croient à baguenauder gentiment le dimanche, mais en réalité nous creusons à grands traits, le fossé du réalisme et de la séparation.

Rapidement, les moniteurs nous apprennent à camoufler les livres parlant d'Israël ou du sionisme. Nous adoptons par prudence, un langage codé pour parler de ces réunions et de leur contenu. Nous savons qu'il n'en faut rien dire aux parents pour éviter de les mettre en danger.

Nous savons à présent que les événements en question signifient : juifs en terre à nouveau arabe, juifs en danger. En quelques mois, envolée l'enfance insouciante. Envolée la totale appartenance au pays, à l'école, au quotidien. Nous découvrons la méfiance, l'altérité, la suspicion. Nous découvrons que nous ne sommes plus chez nous.

Mais nous aimons ces responsabilités nouvelles, ces silences obligatoires face au monde adulte. Entre nous se crée une fraternité de partage.

Les adultes n'ont pas encore pris la mesure de nos découvertes, de notre nouvelle appréhension de la vie et nous échangeons si peu.

Un soir de 1955, je participe à un camp international du mouvement de jeunesse Hachomer hatsaïr. C'est mon premier voyage en France, dans la forêt de Fourchambault près de Nevers. Nous sommes moins de dix ans après la Shoah dont nous savions si peu de chose, en dehors de ce terme « les boches » !

Dans le noir, surgit un homme squelettique, au visage anguleux, étrange, silencieux, absent et envoûtant dans le même temps. Il parle d'une voix d'outre tombe : Abba Kovner !

Le seul fait de dire son nom me hérisse encore le poil, et reste toujours pour moi, le sceau de l'engagement total, sans réserve ni limites.

À même le sol avec un minuscule projecteur dont j'entends encore les rouages, il projette sur un écran grand comme une serviette, des images tremblantes et terrifiantes, des images que jusque-là on ne pouvait imaginer voir un jour.

Varsovie en flammes ! Il parle, son accent est chantant on traduit. Là-bas, contrairement à ce qu'on en dit, les jeunes juifs du ghetto, se sont battus à mains nues, pour nous, pour vous, pour l'honneur de notre peuple.

En fait, nous sommes les premiers à découvrir, voir, entendre : Anielewicz, la résistance des jeunes juifs du ghetto de Varsovie. Je suis marquée au fer rouge !!

Ce soir-là je n'étais définitivement plus moi, pour toujours : je partirai moi aussi, un jour, vivre en Israël au kibboutz ! L'empreinte de ces instants reste à jamais fixée en moi ; je les revis toujours de façon si précise.

Avec les parents si peu préparés à la confrontation, les relations se font orageuses, violentes. D'où vient cette idée saugrenue de quitter le lycée avant le bac pour aller à l'aventure.

Mais mon sort a été cimenté là. De retour en famille, j'ai eu de terribles conflits avec mes parents.

Les différends font rage car la petite timide et silencieuse est devenue un véritable ouragan.

1955 est une période chaotique du prédépart de la France et des hoquets de violence des *événements*. C'est désormais un attentat quotidien dans les soirées de jeunes, les fameuses « boums », dans les transports, dans la rue. Toucher la jeunesse en priorité, est bien plus marquant pour diffuser la cause. Période de confinement tôt le soir. Au local pour nous, les « idéalistes », les soirées de formation se poursuivent.

Il m'est impossible de m'y rendre car nous habitons loin du centre-ville. Pour en être, malgré toutes les interdictions parentales, organisation oblige, dès l'après-midi, mon vélo est caché, hors de la clôture du jardin. Sitôt la maison endormie, dans une totale inconscience, j'escalade le mur, j'enfourche mon vélo pour rejoindre le groupe.

Au retour, les garçons me raccompagnent ; jusqu'au jour où l'un d'eux, devant le portail, réveille la maisonnée, en appuyant sur la sonnette, au lieu d'allumer l'allée. Sur le perron, au fond de l'allée, l'apparition de mon père en pyjama, fait fuir la volée de moineaux ; j'ai reçu là, la première, seule et furieuse raclée, d'un père devenu fou d'angoisse à l'idée de ce qu'il venait de découvrir.

Vélo confisqué et surveillance rapprochée ont mis fin à mes incursions nocturnes durant les événements.

Les adultes eux-mêmes sont désemparés et une vie nouvelle se profile : des métiers se ferment aux juifs tunisiens. Les propriétés se dévaluent à grands pas « *votre bien je l'aurai bientôt pour une bouchée de pain* ».

Vingt-cinq mille enseignants de diplômes français sont juifs tunisiens. Que va-t-il subvenir de leur diplôme, quelle validité dans un État tunisien ? L'arabisation ne risque-t-elle pas de s'imposer ? On parle d'imposer aux sociétés un partage de patrimoine avec un musulman majoritaire. Les nouvelles vont vite, mais rien ni personne ne peut donner d'assurances.

Bourguiba dans ses discours promet à tous l'égalité de destin. De nombreux juifs ont lutté à ses côtés. Très vite des lignes directrices se dessinent. Des ministères sont attribués à des ministres juifs. Les juifs ne doivent pas partir, le pays en a grand besoin. Ils représentent une grande partie des cadres.

Oubliée la Tunisie si douce du protectorat et de la vie à la française. Les longues journées insouciantes de plage, de bains et de volley, les promenades le soir le long de l'avenue.

Désormais les communautés se toisent, s'évitent. Les Français sont sur le départ. Les juifs dans l'angoisse : le départ de la France les rend à une situation d'infériorité et de dépendance qu'ils connaissent bien. C'est en réalité, la fin d'une vie innocente, grouillante de soleil, de mer, de joies, d'amitiés. Le Monde d'hier disait Zweig.

Chapitre 14

« Qu'une larme dans l'Océan. »
dit Manès Sperber

Ces parents qui nous ont donné tant de joies, de richesse humaine, qui étaient-ils au juste ?

Mon père a grandi dans une famille de six enfants, dernier né et fils unique, entouré, materné, étouffé, par cinq grandes sœurs trop aimantes. Une famille aisée, propriétaire d'un patrimoine immobilier tentaculaire, et fondatrice des « Nouvelles Galeries », probable imitation des magasins parisiens à la mode.

Perfectionniste et solitaire. Timide, courtois mais capable de grandes colères, un visage fin, aux traits d'une douceur féminine. Héritier du négoce familial, il traversait régulièrement le Sahara en longs et fatigants voyages, en tant que fournisseur de l'armée française qui y stationnait.

Son grand bonheur et son passe-temps : la terre, les fleurs, les arbres ! Les après-midi de vacances, nous allions avec lui, à « Ma campagne », une propriété en dehors de la ville. Il plantait de nouveaux arbres fruitiers sélectionnés avec soin, et se livrait à toutes sortes de greffes de sa création. Cet homme solitaire, peu bavard, avait une relation particulière à la nature.

Il nous expliquait joliment que, pour la tradition juive, l'arbre est un « vivant »; qu'il nous fallait attendre, pour goûter à sa première production, qu'il se réjouisse comme une mère, de la beauté de ses premiers fruits; attendre avec patience, qu'il nous les offre les années suivantes. Bel apprentissage du respect de la nature et de la maîtrise de toute consommation ravageuse.

À la campagne, nous retrouvions Mabrouk le métayer. Mabrouk était soudanais – ils étaient fort nombreux à Gabès – Mon père lui avait offert pour l'aider, la totale utilisation de ce champ. La production de son travail était à lui; il avait même ouvert une boutique au marché. Mabrouk aimait à rire du verger de mon père. Avec une rationalité toute paysanne il répétait : « C'est avec des fruits, que tu veux faire grandir tes enfants ? »

Je n'oublierai jamais les grenades et les pêches de « Ma campagne »; énormes, veloutées, dans un dégradé de couleurs rosées, le fameux « teint de pêche »! Dégoulinantes de jus parfumé, acidulé. Un rêve que je n'ai jamais revécu depuis.

Après notre déménagement à Sousse, Mabrouk nous fit parvenir une ou deux fois, une nasse d'osier fermée par une toile de jute grossièrement cousue, débordante de pêches et de grenades. Puis ce fut l'oubli.

Plus tard, la Tunisie étant devenue indépendante, sans crier gare, Mabrouk s'adressait au « Habous » instance de droit musulman du Maghreb, rendant inaliénable le droit à la possession de la terre : un musulman l'avait travaillée, « Ma campagne » lui revenait, définitivement, sans autre forme de procès. Coup du sort ou injustice imparable, pour le véritable propriétaire !

Mais revenons à nous ! Père et mère étaient – pourrait-on dire, – le positif négatif l'un de l'autre. Leurs prénoms étaient tout un programme : il s'appelait Bension : fils de Sion, c'est-à-dire de Jérusalem ; elle se nommait Judith : la juive. Sans commentaire.

Fils unique, et dernier porteur de ce nom Hania, venu de si loin, sa désolation fut de ne pouvoir le perpétuer en le transmettant à un fils.

Svelte, réactive, des yeux bleus intenses, pétillants de malice et d'intelligence, notre mère était, disait-on, une belle femme. La rencontre de ce couple remonte à la petite enfance. Le père du jeune Bension, connu et respecté, avait pour ami proche, le grand Rabbin de Tripoli. Leurs échanges sur la portée profonde du judaïsme étaient coutumiers. Il l'accueillait donc chez lui, à chacun de ses passages à Gabés.

Judith quant à elle a été élevée par son inséparable grand-père à Tripoli dans une relation fusionnelle, et partagée. Elle l'accompagnait dans tous ses déplacements. Ces rencontres et la fréquente proximité des deux enfants, s'est prolongée jusqu'à l'adolescence, et la décision de tout partager. Même si Judith nous a souvent raconté, avec de francs éclats de rire, combien elle a fait la coquette auprès de ce prétendant timide et silencieux; « coquette », elle l'est toujours restée!

Élevée à l'école italienne des jeunes filles « de bonne famille » Judith peignait, brodait cousait, en véritable artiste accomplie.

Lectrice boulimique, elle était pour nous, ses enfants, une bibliothèque ouverte. Elle avait tout lu, et par ses introductions enthousiastes, nous menait à plonger pour la rejoindre, sur le moindre livre d'Edmond Abbou à l'interminable Jean-Christophe. Toute sa vie, Michelet restait son bonheur, sa référence; son jour préféré était le shabbat, car elle pouvait enfin, dans le repos imposé, s'adonner à sa passion, sans regret ni reproches à l'inactive mère de famille nombreuse.

De son enfance magique aux côtés de son grand-père, elle nous racontait des histoires qui nous semblaient d'un autre temps. Intimidée par ses immenses livres de kabbale; immenses sans doute, pour la petite fille qu'elle était, toujours pelotonnée contre lui; les échanges avec d'autres sages, qu'elle écoutait sans comprendre mais qui l'ont marquée; elle avait de remarquables connaissances et commentaires de pensée juive.

Dans la famille, très respectueux de sa judéité, mon père pratiquait, priait, dans un silence religieux et une concentration qui appelait le respect; ma mère nous expliquait, tout, avec toujours une clarté lumineuse, le sens profond de chacune de ces célébrations, de ces fêtes, de ces traditions. Elle savait à merveille, nous apprendre à séparer du folklore et des coutumes, ce qui était le sens profond du patrimoine de la pensée juive.

Par eux deux, nous avons vécu un judaïsme clair, sans ambiguïté et tellement serein. Nous avons eu je crois bien de la chance, de rencontrer de tels parents, si seulement tout cela avait duré plus longtemps…

Ils ont laissé à chacune d'entre nous, la possibilité de s'accomplir. Beaux Arts, Arts Déco, l'écriture, le stylisme, la médecine, chacune d'entre nous a suivi une route créatrice et personnelle, à un niveau exemplaire.

C'est à la richesse reçue que nous le devons, même si tout cela s'est envolé sans laisser de traces – hors les rares souvenirs –, pour nos descendants qui ont du mal à comprendre, à prendre place.

Troisième partie

À l'heure de l'idéologie, adieu familles

Chapitre 15

> *« Nous ne sommes rien ; c'est ce que nous cherchons qui est tout ! »*
>
> Hölderlin Hyperion

20 mars 56 coup de tonnerre définitif : la Tunisie est indépendante !

En dépit de l'opposition farouche et le refus catégorique de mes parents, je quittais la Tunisie, avec les camarades du mouvement. Terrible période d'intransigeance et de total refus de part et d'autre.

Avec trente-cinq de mes camarades de l'Hachomer nous quittions la Tunisie pour un Kibboutz du sud d'Israël. L'appel d'Israël était profond, complet, et tellement urgent !

J'abandonnais sans m'en rendre compte, des parents désemparés, et un père adoré, écrasé par l'impossibilité de me retenir. J'ignorais que je ne le reverrai plus.

Trop jeune pour partir avec le groupe, l'autorisation d'embarquer m'est refusée au port. Il me faut alors me cacher, dans les sous-sols d'une caserne de pompiers désaffectée à Tunis, où les camarades du mouvement viennent me ravitailler en cachette. Nul adulte ne sait que je suis encore en Tunisie. Mes parents me pensent déjà en France. J'attends avec conviction l'autorisation d'embarquer. À Paris, la Centrale israélienne cède, me fournit des papiers, c'est mon tour. Je peux enfin rejoindre le groupe à Marseille.

À Marseille le groupe est déjà parti pour sa destination finale. Un camarade est chargé de m'y récupérer. À ma grande surprise, c'est Arie qui m'accueille. Arié le débrouillard, le réfractaire aux séminaires et à « l'idéologie-à-tous-les-repas » ! Arié, qui ose venir au local, vêtu de jeans moulants « *américains* » coupés à la cheville, et d'une chemise nouée au-dessus du nombril. Pour moi la gamine convaincue de tout ce qui est idéologiquement bon pour le groupe, je le vis de loin, comme un extraterrestre ici et là-bas, au même moment.

J'ignore encore, que nous serons bientôt, dans cette vie nouvelle, côte à côte, pour bien plus qu'une simple amitié profonde.

Tout départ au Kibboutz exige six mois de préparation sur le territoire d'origine, pour se donner le temps de la réflexion, avant la migration définitive. Six mois de mise à l'épreuve, vécus en une totale autogestion matérielle et psychologique, après avoir été durant des années de formation, aiguillonnés, conseillés, entourés d'adultes prévenants.

Dernier passage imposé avant le grand saut, pour expérimenter au quotidien la validation des principes idéologiques enseignés pour nous donner à vérifier sur le terrain, qu'ils correspondent aux réalités de la vie. Précaution salutaire, qui, par les abandons précoces devant les difficultés du vécu, permet de faire un premier tri dans le groupe, durant ces mois d'essai.

C'est l'*Hakh'chara* ou préparation à la vie agraire et collective, en autonomie dans une exploitation agricole. Notre ferme se trouve à Agen c'est la ferme Zette. Un corps de bâtisse rectangulaire, les communs au rez-de-chaussée, les dortoirs à l'étage, et la tour du pigeonnier sur le côté.

Un métayer permanent, Monsieur René, est chargé une fois par semaine de vérifier que nous menons de véritables actions de gestion de l'exploitation.

Nous étions pour lui des galopins de la ville, son ironie mordante, devant nos erreurs et notre manque d'expérience, nous étaient un aiguillon permanent. Il se moquait de nous avec humour et un vocabulaire des plus évocateurs, ne nous pardonnait pas le moindre relâchement, mais un simple compliment de lui nous était le Nirvana.

Dès notre arrivée, nous appliquons les règles rigoureuses apprises au long des séminaires de formation, sur l'émancipation des femmes et l'égalité des sexes. Égalité poussée à l'extrême en mettant toutes les filles aux champs et les garçons à la cuisine. Résultats catastrophiques ! Premières lessives de vêtements non triés menés à ébullition dans des chaudrons sur feux de bois et des champs qui semblent abandonnés.

Monsieur René y met vite bon ordre. Ses jurons hurlés dans une langue en patois régional et imagé ont vite eu raison de nos cours d'idéologie marxiste et nous font prendre conscience de la distance entre l'idéologie et les nécessités du quotidien. Le nouvel équilibre une fois établi, ce furent six mois inoubliables d'amitiés, de joies partagées de durs labeurs.

Le travail, l'escalade dans les foins, la musique du pipeau, les courses à travers champs. Mener « la » vache aux pâturages, accompagnés du chien Touly. Les leçons de cuisine et de lessive à grands éclats de rire.

Le pigeonnier et les nids de pigeons au sommet ; ce frémissement de vie qui surgit entre nos mains à chaque coquille brisée. Les attentes angoissées le souffle coupé, pendus à des poutrelles instables au sommet de la vieille tour. Sensation absolue de bonheur, de liberté.

Découverte d'Arié, désormais mon inséparable complice. Fouineur et curieux, Arié est toujours en recherche d'une nouveauté à vivre, à tenter. Pour me confier un secret, une découverte, il m'ébouriffe les cheveux sur les yeux, sans un mot, ce qui signifie entre nous, « suis-moi ». Et je le suis sans hésiter, car je sais que ce sera toujours une belle surprise.

L'accès au plus haut du pigeonnier est notre refuge, notre victoire et notre secret; nous y grimpons tous les jours, après le travail et les réunions. Pigeonnier inaccessible, car la tour est en ruine, c'est bien trop dangereux; pour nous deux, c'est un bonheur interdit; une escalade acrobatique, agrippés jusqu'au sommet, aux poutrelles fragiles et branlantes, et aux pierres effritées.

Courir à perdre haleine à travers champs avec Touly, le chien de chasse maison. Nous n'étions que des enfants persuadés d'avoir conquis le droit d'être adultes. Les études ? Le Bac ? Que c'était loin tout ça. Nous avions bien mieux : un idéal !

Le travail était pourtant impitoyable pour des néophytes tout juste sortis des jupes de *Mamas* juives, tunisiennes de surcroît. Les moissons sont à la faux; les gerbes regroupées en meules, et récupérées sur des charrettes le jour « de la moissonneuse-batteuse ». Ah ! Le grand jour, René nous avait prévenus : ce sera sans pitié !

Dès les premières lueurs de l'aube le monstre est là. Ce sera sans interruption, la machine ne connaît pas l'arrêt. Course infernale, pour charger les meules et les voir englouties. Bruit d'enfer, nous sommes blancs de poussière. Les sacs de blé nous sont hissés sur les épaules; il nous faut les déposer au grenier en escaladant une échelle, et recommencer à en avoir le dos et les épaules meurtris.

La journée de travail finie une autre vie s'ouvre à nous. Écrire le journal d'information pour les camarades restés en Tunisie, chanter en chœur les chants des partisans, lire et partager des pièces de théâtre – Brecht remportant les suffrages – et surtout, danser, danser à n'avoir plus de jambes, main dans la main en chantant à tue-tête pour remplacer la sono inexistante. Adultes et paysans, vraiment ?

Tous les soirs pour la veillée après le repas, nous devons à tour de rôle préparer une revue de presse minutieuse de tous les quotidiens livrés chaque matin. Présentation soumise au feu nourri des questions du groupe ; il faut argumenter, analyser, contredire, être à la hauteur. Ah ! Beuve-Mery, le journal Le Monde ou Budapest 56. Souvenirs indélébiles.

Sans oublier les hebdomadaires séances dites « *d'autocritique* », assis en cercle le samedi soir, le cœur à nu soumis aux analyses les uns face aux autres. Une magnifique mais bien dure école de la vie.

Septembre 56, en Israël c'est la guerre de Suez, effervescence et alerte ! Les recommandations officielles, arrivent dans l'heure : Il nous faut plier bagage d'urgence ; en quelques heures, les paquets sont faits pour éviter toute récupération par les parents.

Apprendre que nous allons vers un pays en guerre, pourrait en inciter certains, à exiger des retours au bercail. Il est indispensable de couper les ponts le plus rapidement possible. Mouvement de jeunesse politique, l'Hachomer Hatsaïr n'hésite pas à prôner la libération de l'autorité parentale en mode de *réalisation personnelle.* Convaincus du bon droit de notre combat, nous appliquons les consignes de l'encadrement à la lettre.

C'est la fin précipitée par les événements, de l'*Hah'chara.* Nous recevons l'ordre de nous disperser en France en stop, par groupes de deux, un garçon une fille par mesure de sécurité, sans laisser de trace ni d'adresse.

Disciplinée, la volée de moineaux s'égaille le jour même après une solide poignée de mains à Monsieur René, cramoisi d'émotion, un adieu à Jeannot le cheval dorloté, à Touly mon compagnon de course, et un regard de regret vers le pigeonnier.

Frisson d'angoisse vers l'inconnu, car on ne joue plus : la vraie vie commence. Après ces quelques jours d'errance, regroupement prévu à Marseille. À Marseille, nous fuyons le terrible camp d'Arénas qui nous est proposé, c'est l'attente du bateau pour Israël dans des conditions ubuesques faute de moyens prévus ou alloués.

Le camp d'Arenas – de triste mémoire –, fut le lieu de transit imposé à tous les juifs du Maghreb en route pour Israël, dans l'attente de papiers et de destinations d'arrivées. Une vie de casernement, dans des conditions sanitaires insuffisantes inconfortables et insalubres. Plus nombreux que prévus, sont les juifs fuyant les pays arabes ; prise de cours, l'intendance ne suit pas. Promiscuité permanente ; l'attente pour la douche, l'attente pour un simple repas.

Nous avons pris la fuite, effarés dès la découverte de ce camp lugubre, en recherche d'un lieu plus accueillant malgré nos très modestes moyens.

Il n'est toujours pas question de prévenir nos parents, que nous ne sommes plus en sécurité dans la ferme d'Agen, mais dans un difficile vagabondage à Marseille. Ces dix jours d'attente seront pour nous, la découverte du total dénuement, entrecoupé de grands éclats de rire, du partage de la moindre ressource découverte par l'un d'entre nous, et d'une fraternité inoubliable.

Assis en rond dans une chambre aux murs nus, – cadeau d'un hôtelier compatissant –, la barquette de salade russe est rapidement partagée et avalée ; le sommeil en sacs de couchage, est à même le sol. Tout nous est réjouissance de l'instant, de l'aventure qui s'offre à nous.

On pourrait aujourd'hui prendre ces faits pour de l'inconscience, voir de l'irresponsabilité de la part des adultes organisateurs. C'est ignorer totalement ce qu'étaient encore en 1956, la désorganisation administrative, et le manque total de moyens matériels, du pays d'Israël âgé de moins de dix ans.

Un jour enfin, le bateau est annoncé, c'est le Théodore Herzl ! Joli présage pour sept jours de mer en route vers l'eldorado de nos jeunes espérances : Le Kibboutz !

Premier grand voyage vers un pays rêvé plutôt que connu.

Chapitre 16

« Si tu trouves le vide et le désert devant toi et au-dessus de toi, c'est sans doute qu'ils étaient d'abord en toi. »

Hölderlin Hyperion

Haverim ! Camarades ! La Terre !

Dans une cohue effervescente, nous voilà tous sur le pont du Théodore Herzl qui nous mène au pays « pour le construire et nous y reconstruire » comme dit la chanson. « *Anou banou artsa livnot ou lehibanot ba* ». Cette chanson que nous hurlons, en faisant la ronde, épaule contre épaule, depuis nos années de formation de « pionniers » au local de l'Hachomer Hatzaïr. Pour le plus grand désespoir, et la colère de nos parents.

Émergeant de la soute à bagages à fond de cale, où les bontés du service d'émigration nous ont confinés pour les cinq jours de traversée. Nous les trente-cinq pionniers du Hachomer Hatzaïr de Tunisie, après les longueurs et les senteurs du terrible camp de transit d'Arénas imposé à Marseille.

Sur le même bateau les *haverims* anglais du même mouvement de jeunesse, destinés au même kibboutz que nous, sont hébergés en cabines touristes, mais c'est un autre débat.

Pour le *MAPAM*[1] en effet, il semble que nous soyons des jeunes orientaux à la civilisation en cours de perfectionnement, et que la soute à bagages nous conviendra. Cela n'a rien enlevé à la force de notre idéal, de notre engagement. Il nous suffira sur place de montrer qui nous sommes avec humour et sans amertume ; nous l'avons réussi, au-delà de nos espérances.

C'est encore l'entre-deux des aubes de pleine mer. En surface, tout est détrempé, nous évoluons dans une buée dense et froide, qui colle aux vêtements. Mais là-bas, tout là-bas à l'horizon, une légère crête violacée, enveloppée de nuées.

La gorge se noue, la voix s'étrangle. Je regarde le *haver* voisin, inquiète de mon émotion, et je murmure : « Isra… ? »

Non je ne termine pas. Je lis la réponse dans le regard humide du compagnon de route, tout aussi ému, qui ne peut qu'acquiescer d'un hochement de tête. Oui ! Nous y sommes.

Oubliées les lattes de bois de la soute à bagages sur lesquelles nous avons passé ces dernières nuits. Oubliées la famille, les attaches, oubliés les souvenirs et les parfums.

---

1 MAPAM : parti politique israélien, aile gauche du mouvement travailliste et *Kiboutzique*. C'est ce parti qui décide de la répartition dans ses fédérations des jeunes émigrants, pionniers, volontaires des mouvements de jeunesse, vers le kibboutz.

Nous sommes là, rivés au bastingage. Chacun d'entre nous essayant de cacher à l'autre cette émotion envahissante. Car on ne pleure pas de solitude à seize ans.

Les marins s'activent. Les voyageurs des cabines de la classe touriste dorment encore. La vie d'un bateau se gère à la cale. Nous sommes donc les premiers à vivre le miracle. Le clapotis du bateau épouse les contours de mon émotion. Un coup en haut, un coup en bas.

Je tends la main mais la Terre est trop loin. Seule Moi ? À cette heure-ci, je ne suis plus qu'un regard tendu, mon cerveau tout entier se fait regard, pour me souvenir à jamais, qu'un jour de novembre 1956, à l'aube naissante, j'ai oublié d'exister, pour n'être plus que cette espérance : accoster sur les rives de mon avenir, toucher terre en atteignant mon idéal.

Mais le bateau avance. La *Hora* frénétique et hurlante dansée sur le pont mouillé par les *Havérim*, a réveillé les passagers. Je m'accroche à la rambarde. Je veux rester seule. La côte n'est plus violacée ; elle se marbre de vert ; on entrevoit des tâches colorées, signes de vie réelle, sur cette terre mythique.

Je me réveille soudain, car sans nous en rendre compte, serrés les uns contre les autres, nous avons entonné la *Hatikvah*, comme en un murmure, craignant sans doute le ridicule du trop-plein d'émotion.

Mais le regard croise le regard ; au diable la honte ! Notre *Hatikvah* prend de l'assurance ; la main se tend vers la main, l'épaule frileuse se serre et s'enroule dans celle du voisin qui se fait protectrice ; les paroles prennent de l'ampleur ; avec le cœur et la confiance, nous chantons à pleine voix, comme nous dansions tout à l'heure.

Derrière nous, les passagers les plus âgés de la cale, ont revêtu leurs Taleths. Ils prient les yeux rivés sur la terre. Sur les ponts supérieurs des classes touristes, l'émotion se veut plus distante, discrète, retenue.

Mais devant notre liesse, les *haverim* anglais abandonnant toute dignité saxonne, escaladent le bastingage et sautent vers notre allégresse. Tels des singes rejoignant leur forêt vierge. Ils se laissent aller avec nous et comme nous, aux débords.

Et c'est l'éclaboussure : Haifa !

Chapitre 17

Sur le quai, de vieux autobus de la compagnie *Egged* vestige du mandat britannique, rectangulaires, tristes et kakis, nous attendent. Placardés de pancartes, précédés d'hôtes et d'hôtesses, bronzés, hurlant des noms de destinations déjà octroyées aux passagers qui débarquent.

Destination : du rêve à la réalité ! Le pays est en guerre et nous sommes enfin chez nous. Qu'en avons-nous fait ? Souvenirs, souvenirs. Oui nous avons travaillé dur et contribué à notre mesure, à faire d'un pays abandonné, ce qu'il est aujourd'hui.

Le kibboutz et sa rigueur de vie, la *Maâbara*, affreuse cabane de tôle ondulée perchée sur une dune de sable en plein soleil, invivable le jour comme la nuit ; la traversée du Néguev à pieds pour aller extraire une à une et à mains nues, les pierres de ce coin de désert torride et inculte, devenu depuis le paradis touristique d'Ein Guedi !

De ces pierres, chacun d'entre nous en gardera une, pour la déposer, au crépuscule, sur les monticules de plus en plus élevés, qui forment les sépultures des trois pionniers tombés quelques jours auparavant en accomplissant la même tâche, sous les balles jordaniennes.

Défi relevé. Vivres et nouvelles nous sont parachutés d'un petit « piper » qui se sauve en agitant les ailes, en signe d'encouragement. Escalade de Massada au petit jour, encordés, car il n'y a pas encore de route ni d'accès, pour découvrir au sommet, la grandeur dérisoire et nue de notre passé collectif.

Nuits de garde redoutées, dans la solitude et l'obscurité, le fusil à l'épaule, pour protéger les enfants du kibboutz, ce bien sacré d'Israël et faire barrage aux « feddayin ».

Des feddayin – loups solitaires du terrorisme –, nous savons seulement, qu'ils peuvent se glisser dans la nuit, le couteau à la main, pour tuer sans bruit, provoquer des incendies et détruire les productions de la ferme.

Le rôle des gardes nocturnes, consiste à donner coûte que coûte l'alarme, en tirant un coup de fusil en l'air, pour éveiller le kibboutz, sans penser à sa propre survie. Faire face sans se poser de questions, dans ce coin perdu et désertique du Néguev.

Qui n'a jamais vécu une nuit au cœur du désert, ignore ce qu'est la véritable obscurité de la nuit; le silence, la densité et la luminosité du ciel, donnant aux ombres, des formes mobiles, effrayantes, démesurées. Nous sommes à cent mètres les uns des autres, interdiction absolue de se manifester, de dire, de faire, de respirer. Dresser l'oreille, attendre, attendre que le jour se lève, et maîtriser sa peur.

Comment s'abandonner à la frayeur en ces lieux où la mort vise et tire au hasard ? À qui montrer sa peur ? Nos parents sont si loin, et nous ici, définitivement jeunes adultes responsables d'une terre, d'un peuple en renaissance, d'un avenir en gestation.

Mais c'est une autre histoire, une bien belle histoire, pour l'enrichir, il suffisait d'y rester.

Chapitre 18

« Il en est tant qui vivent et ne veulent rien. »

R. M. Rilke

Nous allions vivre au kibboutz en Israël, l'aventure idéale et rêvée, de la vie collective des années cinquante, dans ce pays tout neuf. Inoubliable épopée humaine! Un lieu qui m'a définitivement formée à la vie. Découverte de la fraternité, du partage absolu, des valeurs du travail solidaire et du collectif. Absence totale de circulation d'argent et oubli de la consommation abusive.

Travail harassant, et joie de la victoire quotidienne sur une nature ingrate et le terrible manque d'eau. Mais nous l'avons fait avec une conviction et une joie indicibles.

À l'arrivée nous sommes logés dans des bungalows à l'entrée du kibboutz. Une imposante tour d'eau sur pilotis, obstrue l'horizon, et impose le silence. Elle est criblée de balles de gros calibre; les batailles de la guerre de 1948 que l'on savait terribles dans le sud, nous sont offertes d'emblée en l'état, sans un mot, pour ne jamais oublier; on ne se raconte pas beaucoup en ces années de renaissance; on travaille et on jouit du seul véritable miracle : être encore en vie.

Le kibboutz Negba a failli disparaître, car tout proche de la frontière égyptienne de Gaza, – Gaza qui, on l'oublie souvent – est un territoire égyptien, abandonné à Israël par l'Égypte, lors des accords de paix qui lui restituaient le Sinaï, ses hôtels, son pétrole. Un long siège a été imposé au kibboutz, dans un dramatique manque d'armes défensives, l'Angleterre ayant préféré armer et entraîner les troupes ennemies du roi de Jordanie.

Au pied de la tour, des baraquements de bois nous sont attribués. Nous y sommes logés pour une année de transit, par groupe de trois ; les trios étant bien entendu mixtes, comme le préconise l'idéologie. Filles ou garçons, ici nous avons le même statut, les mêmes responsabilités indifférenciées. Je partage ma chambre avec Arié et un autre camarade.

Chacun d'entre nous est un futur Camarade-Kibboutz. Ce que nous deviendrons, au bout d'une année de travail, de partage et de preuves données à la collectivité de notre volonté d'en être. Notre intégration se fera sur le vote de chacun des membres du kibboutz.

Logés dans les mêmes bungalows, nos comparses anglais, candidats comme nous à l'élection, deviennent très vite de merveilleux compagnons de route. Avec de grands éclats de rire, ils nous font lire les courriers reçus du reste de leur groupe, devant bientôt nous rejoindre : « Les *Africains* [*sic*] ont-ils la peau sombre, mangent-ils comme nous » ?

Le mélange d'humour britannique et de joie démonstrative méditerranéenne, nous ont permis d'organiser pour leur arrivée, une réception mémorable. Avec la complicité de tout le Kibboutz, nous les avons accueillis, nus pieds, le visage barbouillé de suie, enveloppés de peaux de moutons, précédés de deux camarades chargés d'un énorme chaudron, et portant à bout de bras, l'un des Anglais, ligoté, voué à la casserole. Cette vigoureuse entrée en matière a coupé court à toutes les tergiversations. Mais pour l'heure nous voilà au travail !

L'idéologie socialiste omniprésente, nous interdit de façon absolue, l'appel aux « ouvriers salariés », et la permanence dans l'emploi, pour offrir à tous les membres une égalité totale d'épanouissement. Nous valsons d'un emploi à l'autre selon un ordre scrupuleusement établi par « l'ordonnateur du travail », le poste le plus redouté, objet tous les matins de nos humeurs insatisfaites.

« *De chacun selon ses moyens, à chacun selon ses besoins* » ; la théorie des fondements du kibboutz trouve sa réalité et ses limites, dans la redistribution et le partage quotidien des postes de travail. Si tous rêvent à l'aurore d'emprunter la plateforme d'un tracteur les conduisant aux champs de céréales ou aux étables, il n'en faut pas moins assurer les tâches rebutantes de l'entretien, de l'alimentaire, des soins aux malades.

Ces tâches sont autant de services obligatoires ou « *toranout* », incontournables et redoutées. Chacun d'entre nous doit, à tour de rôle, goûter de quinze jours de vaisselle rabelaisienne, de nettoyage des toilettes collectives, d'étendage de linge au métrage illimité ou de soins aux malades. L'ordonnateur veille à ce que personne n'y échappe.

Ainsi avions-nous au Kibboutz Negba, un membre glorieux, géant de l'épopée israélienne, le fameux Barzilai ministre de la Santé. Quand il revenait à la maison pour un weekend, il était souvent de « *toranout* ». Il l'assumait avec sourire et conviction. De bien belles leçons humaines.

Travail et idéal ne sont qu'un problème d'interprétation personnelle. L'un des anciens nommé Its'hak, a lui, parfaitement compris la règle sacrée : « *de chacun selon ses moyens* ». Il a donc décidé de n'en n'avoir aucun. C'est possible au kibboutz, de s'organiser à être inutile. Il est même si bien organisé, qu'il ne vient à l'idée de personne, de le nommer jamais sur un poste névralgique. Quand on rencontre Its'hak dans les allées, il est de bon ton de lui demander « Comment vas-tu, as-tu bien mangé Its'hak ? » Honni soit qui mal y pense !

À l'opposé, pour cette organisation stakhanoviste, manifester son efficacité peut réserver des surprises. Pour avoir été « en forme » dans les champs de poireaux, je me suis retrouvée « responsable du secteur poireaux », c'est-à-dire, dix jours durant, seule sous un hangar, devant un énorme baquet d'eau, soumise au ballet des tracteurs déposant des palettes de poireaux boueux, qu'il me fallait laver un à un pour les préparer à la vente. Le travail était toujours cousu main au kibboutz !

Je ne pourrai oublier mon service d'étendage. Je ne comprenais pas pourquoi, Zalman, ce géant ukrainien aux grands yeux gris-verts, au sourire triste et chaleureux, était toujours à ce poste contrairement aux règles. Toujours assis en hauteur sur son escabeau à dérouler des kilomètres de cordes montées sur poulies, au fil des heures. Il m'a raconté son histoire : le grand pogrom ukrainien de son village. Sa famille décimée.

Caché plusieurs jours avec son petit frère sous des balles de foin, comme promis à sa mère. C'est à pied, après des mois de misère, de cachette, et de peur, qu'ils ont rejoint le pays avant sa création. Ses pieds gelés n'ont pu être sauvés. Voilà pourquoi l'étendage. Plus que tout autre, c'est lui qui m'a poussée à reprendre mes études.

Les postes les plus inaccessibles, restent incontestablement, ceux qui touchent à l'enfance, à l'éducation. Les enfants sont un trésor entouré de toutes les protections, de toutes les réflexions psychologiques, pédagogiques, sanitaires. Ce statut surprotégé, est chargé du souvenir proche, de la perte des deux millions d'enfants dans les camps, de leur souffrance.

Venus d'Europe de l'Est, issus des courants les plus créatifs et innovants d'avant-guerre, les concepteurs spécialisés sont ici, nombreux ; nul ne songerait à remettre leur savoir en cause. Ils sont ! Ils disent ! On exécute !

Ces maisons où les murs et les meubles grandissent avec l'enfant. Quel bonheur d'y être affecté un jour, en poste de travail Chacune d'elles, abrite une tranche d'âge précise. Les enfants vivent entre eux, accompagnés d'adultes aux rôles précis. Ils partagent le vivre, le couvert, la classe. Le groupe est à l'école, comme au dortoir : réuni. Impossible d'accéder à l'échelon supérieur tant que l'un d'entre eux est en retard. C'est à ses camarades de l'entourer, le pousser l'encadrer. Le passage de niveau se fait grouper.

Cet enfant roi, appelé « *Tsabar* » du caractère contradictoire de la figue de barbarie aux extérieurs enrobé de piquants et au cœur de fruit si doux, est souvent à son jeune âge, d'une compagnie par moments, insupportable. Se rebiffant au moindre signe d'affection, de qui n'est pas de son cercle immédiat. Mais qui viendra tel un chaton se frotter maladroitement à vous si tout à coup, il vous découvre, il le décide.

Aimé, entouré, protégé, choyé, plus souvent frondeur qu'espiègle, à la limite, pour nos rigoureux principes éducatifs européens, « mal élevé ». Mais que voulez-vous, ils sont notre avenir, notre futur, et, « *qui sait ce que la vie sur cette terre leur réserve* ».

À 16 h les parents ont fini leur journée de travail. Chacune des familles récupère sa progéniture ; les pelouses du kibboutz sont alors un immense terrain de jeu, de bonheur familial ; des parents disponibles, à toutes les attentes des enfants. Un moment de totale fusion que l'on ne peut voir qu'ici au kibboutz ! À 19 h les enfants sont raccompagnés, les parents assistent à leur dîner et les quittent après les avoir tendrement couchés.

« *Les enfants du rêve* » disait-on. Éducation collective longtemps idéalisée à l'extrême ; indispensable dans les premiers temps de création des kibboutzim par économie de moyens, ce principe a connu de sérieuses remises en cause quelques années plus tard, avec l'opulence. Ce fut le retour vers l'autorité de la cellule familiale, et l'individualisation éducative de la petite enfance, redevenant collective à l'entrée au collège.

Au collège en effet, l'enfance s'interrompt, au profit de l'autonomie et des prises de responsabilités. Les jeunes quittent alors les maisons d'enfants. Un campus leur est consacré à l'abri, loin du centre. Constitués en mini collectivité indépendante, aidés d'une direction pédagogique et éducative, ils participent directement à l'élaboration de leur quotidien. Ils sont tenus dès la première année de collège, d'accorder deux heures de travail quotidien, aux champs, ou à la collectivité. La main-d'œuvre complémentaire et sérieuse qu'ils constituent l'après-midi est loin d'être superflue.

Chose curieuse : Dès l'isolement et l'autonomie du collège, l'enfant roi redouté de la petite maison – tel la chenille devenue papillon – n'est plus le même. Responsable, avenant, serviable, curieux de tout, soucieux de se rendre utile de vous entourer, respectueux de l'âge et de l'expérience. Difficile à comprendre mais réellement vécu.

Je suis en Israël depuis une semaine, quand on m'annonce une visite. Un homme jeune, de belle allure, aux cheveux clairs, aux yeux de cristal de mer de ma famille maternelle, s'avance vers moi. « Je suis Avner, ton cousin », me dit-il en m'entourant de ses bras ! Après dix années de séparation, c'est l'un des cousins partis avant la création de l'État. J'apprendrai par la suite qu'il est l'un des défenseurs du kibboutz Negba, en 48. Grand blessé de guerre, il a le tronc zébré d'une cicatrice qui en fait le tour, souvenir d'un coup de sabre arabe, qui faillit lui être fatal.

Notre groupe de pionniers lui aussi, subit l'épreuve du temps et de la réalité. Certains se dévoilent, se révèlent; d'autres, flamboyants, à l'heure des uniformes, des médailles, et des séminaires au local, s'éteignent lamentablement, se rabougrissent, fuient la parole et le groupe, se négligent même. Nous ne sommes plus les trente-cinq frères et sœurs des mois passés.

Le travail, les exigences impitoyables du quotidien, révèlent ou étouffent les différentes personnalités. Chacun d'entre nous, fait face avec ses propres armes, ses propres ressources, aux terribles exigences de la vie d'agriculteur-soldat en territoire, aride pour la terre, hostile pour l'environnement. Il n'y a pas le choix, c'est un pays à construire.

Un pays neuf, aux moyens limités. C'est à la main qu'il nous faut biner, creuser, tailler, désherber, façonner. Une nature aride et sans pitié oubliée des hommes et des Dieux.

Terre sacrée pour tous, violentée par tous. Victime des hordes barbares, des passages, des conquêtes, de la possession pour l'honneur et l'orgueil, jamais pour l'amour !

De la cuisine, à la lingerie ou autres fonctions pénibles, tous connaissent tour à tour la fierté des étables, des champs et la joie de l'air pur. Joie après le travail de nous retrouver, de danser des rondes folles en chantant à tue-tête ; d'aborder les soirées culturelles, musique, théâtre, concerts. Tout est accessible à tous.

La plupart des membres de la collectivité ignoraient tout de la terre et de la vie agraire, avant de partager cette aventure. Nombre d'entre eux, venus de là-bas, à l'est de l'Europe.

Ils étaient en une autre vie « *d'avant* », médecins, musiciens solistes, professeurs d'universités, tout sauf paysans. À l'est la terre n'était pas un droit pour les juifs.

Après que la haine fasciste les ait jetés sur les routes de la survie, agriculteurs le jour, ils sont à nouveau le soir, chefs d'orchestre, cantatrices, chorégraphes, et font de nos soirées un enrichissement permanent.

D'autres, comme nous, étudiants idéalistes sont venus de pays d'Orient, de foyers chaleureux et du cocon protecteurs de mères juives parfois encombrantes. Que savions-nous de la terre en dehors de la beauté de la mer et du goût merveilleux d'une vie protégée ? Expérience humaine indélébile.

Pour moi, le collectif l'emportera définitivement sur l'intérêt particulier.

Dure école ! Il a fallu, pourtant oublier la fatigue, le rythme des saisons ; les besoins de la nature sont impitoyables. Le matériel et les moyens techniques manquent cruellement et c'est à la main que nous désherbons des hectares de champs de légumes.

Tout au long des plantations, sur des hectares de terre, nous avançons sur les fesses, assis sur un petit rectangle de jute, et désherbons sans fin, les champs à la main ! C'est à main d'hommes que nous transférons les interminables tuyaux d'arrosage des champs de maïs.

Travailler dans la bananeraie offre le plaisir de travailler à l'ombre et celui de déguster un fruit cueilli lestement de temps à autre.

C'est ainsi qu'en arrivant à la salle commune des repas, nous découvrons un jour accrochés au plafond, chacun des régimes de bananes dépossédés d'un ou plusieurs fruits, avec un simple écriteau : le travail de nos pionniers est productif !

Pas un mot, pas la moindre remarque de reproche, nous faisons profil bas le temps du repas, mais n'avons plus jamais touché à une banane dans la plantation.

Certains jours de repos, le kibboutz nous offre une sortie culturelle. Le camion de l'étable est lavé, astiqué pour un changement de cargaison. Notre camion nous dépose ; nous sommes à Tel Aviv, pour le concert donné en inauguration du premier auditorium du pays naissant : l'Auditorium Mann !

Vêtus de l'éternel short – bleu pour les sorties, kaki pour le travail – coiffés du bob répondant en hébreu au doux nom de « *kovah timble* » (Chapeau idiot), qu'importe la tenue pourvu qu'on ait l'ivresse.

Et l'ivresse nous l'avons ! En dépit du ridicule de nos tenues et de notre équipage.

Nous sommes accueillis, fêtés ; nous les « pionniers » les camarades-kibboutz. Nous méritons notre premier concert de l'Orchestre Philarmonique d'Israël dans l'Auditorium tout neuf de ce nouveau pays !

Se laisser aller à cette joie première, c'est oublier le contexte environnant : Israël, nation renaissante et ses balbutiements. Ici, tout le rappelle, et à tout instant, chacun peut revivre les hoquets de l'Histoire juive.

Avant le concert inaugural annoncé et attendu, sur une scène plongée dans la pénombre, se présente un homme au visage émacié, au rare cheveu blond.

D'une voix douce, émouvante, il parle, – sans doute allemand ou Yiddish –. Ces langues encore trop nouvelles à nos oreilles néophytes et méditerranéennes. Dans la salle s'installe un silence de cathédrale. Autour de nous, bien des larmes sont essuyées.

Nous ne comprenons pas, on ne nous a rien dit, mais nous saisissons la terrible solennité de l'instant. Il parle, sa gorge se noue, il se maîtrise et se reprend. Ses paroles semblent parler d'amour, d'affection.

Quand il se tait enfin, la salle est debout, dans un terrible frémissement. Nous faisons de même. Le mystérieux orateur, avant de se retirer tend vers nous un livre, ou un cahier, qu'il embrasse et s'efface.

Notre coordinatrice nous explique enfin, que cet homme, survivant de la shoah comme tant d'autres dans cette salle, s'appelle Otto Franck, et qu'il vient de découvrir le journal personnel de sa fillette morte en déportation : Anne Franck.

Adolescente encore inconnue, son journal qui nous était brandi, se révélait d'une maturité telle qu'il serait bientôt édité ! L'importance historique de ce moment vécu, nous a certes échappé, même s'il nous en est resté l'émotion intense partagée.

C'est par la vie au kibboutz, que nous avons appris le pire et le meilleur de l'histoire de notre peuple. Appris à lire la Bible comme notre livre d'Histoire, appris la fraternité et l'appartenance indélébile à la communauté de tous ces frères dispersés depuis des millénaires, réunis enfin pour construire l'avenir.

Les paroles de l'hymne national la *Hatikva* faisaient enfin sens à notre entendement :

« Vivre en peuple libre
au sein de notre patrie. »

Chapitre 19

« L'exil est amer plus amer encore, est le retour. »

Klaus Mann, *Le Tournant*

Je suis en Israël et mes parents en terre arabe. Nous ne pouvons communiquer. Les lettres que nous échangeons se doivent d'être en langage neutre sans référence ni précisions aucune, qui permettent de me situer géographiquement, et les mettent en danger.

Il nous est interdit d'écrire aux parents directement d'Israël. Chacun d'entre nous doit trouver un relais en France pour changer l'enveloppe, le timbre et réexpédier le courrier aux familles. Les familles utilisent les mêmes relais en retour, même discrétion qui leur est souffrance pour s'inquiéter de ce que nous devenons, de ce que nous vivons.

Partagés entre deux pays ennemis, toute communication nous est interdite, des deux rives de la Méditerranée.

Il nous est interdit car trop dangereux pour les parents, de faire la moindre allusion à notre lieu de séjour, au quotidien de notre vie.

Il nous est interdit de les contacter directement.

Il nous est interdit en fait, d'être ce que nous sommes, et de le faire savoir à ceux que nous aimons !

Les mois passent, les années passent ; avec nos familles les liens se délitent par la force des choses nous en savons si peu ; c'est tantôt un paquet de photos qui nous parvient par un voyageur de passage, une lettre plus précise. Le flou imposé.

Au fil des ans l'absence d'échange direct se fait distance. Je ne peux rien leur dire et la vie d'ici m'a tellement changée ! Les gardes la nuit, le fusil à l'épaule tremblant de peur qu'un « Feddayin » surgisse de la frontière de Gaza immédiatement proche.

Les réveils à l'aube pour regagner les champs encore engourdie de sommeil sur la plate-forme du tracteur ; les jours de vaisselle rabelaisienne, les heures d'étendage d'un linge qui n'en finit pas. Comment leur transmettre ce que je suis devenue, ce que je ne suis plus.

Que je n'ai plus de caprices, d'exigence de confort, de vêtements au goût du jour, de bains de mer à n'en plus finir, de repas concoctés avec amour.

En ce lieu, la vie est dure, sans pitié pour qui s'écoute, mais elle est la vie, l'avenir, la réalisation d'un rêve millénaire génétiquement porté en chacun d'entre nous, sans autre explication que l'indispensable nécessité de l'atteindre pour que d'autres survivent après nous.

Une égalité, une solidarité, un respect mutuel entre les membres, qui effacent l'âge, la culture, les origines. Chacun est le chacun de l'autre en totale communion, en oubli de ce que chacun fut « avant ».

Mais c'est aujourd'hui ma vie, « notre » vie devrais-je dire, car je la partage avec Arié. Lui, le railleur, qui s'exprime en permanence dans une langue de titi parisien pétrie d'argot, et refuse les consignes imposées quand elles lui semblent illogiques. Arié qui a pourtant décidé de « réaliser » avec nous. « *Réaliser* » dans notre jargon hermétique, c'est, pour un jeune de l'Hachomer Hatzaïr, remplir la promesse solennelle faite en public à la remise des médailles, de tout quitter pour aller vivre et travailler au kibboutz.

Un visage fin, osseux et basané, des yeux noirs brillant, d'une mobilité permanente à la recherche d'une possible remarque ironique sur tout ce qui bouge ; des cheveux frisés voir crépus. Une distance permanente à tous, à tout. Régulièrement appelé à changer de comportement, lors de nos séances d'autocritique il est craint pour ses vives réactions verbales d'un humour cassant, il répond en maugréant qu'il se trouve heureux ainsi, et ne changera que sur décision personnelle.

Nous apprécions tous deux l'ironie, la liberté, l'autonomie et la distance. Comment est-il devenu pour moi, ce grand frère protecteur, et tellement plus peu après ? Je ne saurais le dire ; sans doute par mes éclats de rire, à l'entendre se rebiffer, se révolter ; réaction à la résistance, que l'on expérimente souvent, dans les familles nombreuses.

Il est clair que dès l'*Hahchara*, nous sommes devenus indispensables l'un à l'autre, dans cette vie d'adultes d'un autre monde, aux terribles exigences. Nous avons besoin d'être ensemble, et de souvent, quitter le collectif pour un partage à deux, sans autre résonance.

Quand nous avons un week-end de congé, rare et apprécié, nous filons vers Tel Aviv. Ville tranquille et provinciale. De nombreux immeubles en attente de finition. Trop de temps de guerre, qui interrompent les travaux. Promenade en front de mer, et bien entendu, une séance au cinéma Moghrabi. Véritable institution du Proche Orient, construit par le fameux architecte Berlin du Bauhaus, décoration Arts Déco, et toit ouvrant l'été pour des séances de plein air.

Des films du monde entier, pour satisfaire un public disparate, en versions originales. Des deux côtés de l'écran des bandes à peine lisibles, projettent, des traductions instantanées et approximatives, écrites à la main, en une quantité de langues et dialectes. La gymnastique consiste à repérer sa ligne, sans la quitter des yeux au risque de perdre la moitié de l'image. Ici, tout est folklore, adaptation, imagination. Nous avons découvert au Moghrabi, des merveilles de vieux films et documentaires polonais, Yiddish, et en cadeau, tout le répertoire américain de la grande époque des studios d'Hollywood.

Il n'est pas rare le samedi soir, à l'heure de la promenade familiale de fin du Shabbat, d'entendre tonner le canon en direction de Tel Aviv ; cadeau de nos trop proches voisins jordaniens à dix kilomètres à peine, de la capitale.

Cousin Avner nous offre gentiment l'hospitalité permanente à ces occasions, car notre minuscule pécule ne permet pas de folies. Il vit à Ramat Gan proche de Tel Aviv. L'autobus nous dépose en rase campagne, vers la future élégante banlieue. Qui me croira aujourd'hui : C'est dans la gadoue jusqu'aux mollets, qu'il nous faut traverser des champs déserts pour atteindre le premier lotissement de Ramat Gan.

Ces week-ends sont des moments de fête, de plénitude, de complicité ; des moments enfin à nous, sans autre regard, sans autre désir à partager, que le nôtre en propre. Déjà, nous réfléchissons à aujourd'hui et à demain.

J'ai quitté le lycée en seconde au désespoir absolu de mon père de voir partir une « illettrée ». L'étude, la richesse d'une culture choisie, personnelle, me manquent de plus en plus. Les carottes, les poireaux, le linge…

Les mois passent les années aussi. Nous discutons souvent de mon insatiable désir d'étude. Arié et certains anciens du kibboutz, me poussent à reprendre rapidement avant d'être perdue à moi-même. De son côté, Arié l'indépendant, supporte mal les contraintes de la vie sous l'œil permanent du collectif, d'y être absorbé, dilué. De devoir en permanence, rendre compte au groupe, hostile à cette absolue double fraternité que nous partageons.

Nous décidons d'un commun accord, de quitter le Kibboutz. C'est un déchirement total, d'affections, d'amitiés, de volontés partagées.

Choix des plus difficiles sur tous les plans. Décision d'une gravité extrême par rapport au groupe, à la fidélité aux engagements ; par rapport aussi à l'idée sioniste que l'on se faisait de sa vie en Israël. Le retour vers soi est-il une trahison ? Dans l'enchaînement des formations idéologiques, le partage intrinsèque vécu dès l'adolescence comme la seule voie possible, on perd peu à peu l'habitude et surtout le droit de penser à soi, de « se » penser. Durant toutes ces années, on a tant reçu, perçu, des richesses de l'autre, de mon semblable et différent. On s'est vécus non comme un groupe, mais comme un seul corps agissant, vers un objectif précis et collectivement choisi.

Nous savons ce qui nous attend. En quittant Negba nous perdons le statut protégé et oh ! Combien privilégié, de pionniers ; nous devenons de simples émigrants anonymes.

Nous ne dépendons plus du tout-puissant *MAPAM*, parti socialiste au pouvoir, mais de la tentaculaire « Agence juive » qui, à travers le monde recrute et accueille les émigrants. L'attribution de droits se fait en fonction des situations personnelles et nous avons la pire : Jeunes, non mariés, pas d'enfants, et venant d'Afrique du Nord.

Chassés des pays arabes, Yemen, Irak, Syrie, Égypte, Maghreb, et j'en passe, dépossédés de leurs biens pour la plupart, les juifs arrivent par milliers, en situation de grande précarité matérielle et humaine. Le pays est en renaissance. Au nord les pionniers ont asséché les marécages et rendu à l'agriculture des terres insalubres achetées à prix d'or à des fellahs arabes avant même, la création de l'État. Le sud est désertique, inhospitalier et inhabité. Ce sera la mission de ces arrivants : peupler, construire, créer à leur tour. Nous faisons désormais partie de ce lot.

Nous connaissons bien vite notre sort : Kyriat Gat à la porte du désert. La ville de Kyriat Gat érigée sur un site biblique disparu, est aujourd'hui une capitale luxuriante et active. Le siège social d'INTEL y est installé. Mais revenons à nous.

Inoubliable découverte. À l'arrivée avec nos maigres bagages, nous cherchons la ville indiquée pour notre destination, mais… Elle n'existe pas encore ! À perte de vue des collines de sable, du sable, et encore du sable.

Pas un arbre, pas une herbe, après les étendues vertes du Kibboutz à quelques kilomètres à peine de là, c'est la stupeur.

Nous savions que ce serait difficile. La suite est à venir.

Sur ces dunes sont plantées de grandes tentes militaires, occupées par des familles nombreuses et en difficulté. Pour nous ce sera plus simple, un petit espace suffit : ce sera la redoutable « *maâbara* », c'est-à-dire une baraque faite de quatre plaques et d'un toit de tôle ondulée, une ouverture pour la porte une autre pour la fenêtre ; les tentes sont réservées aux familles.

Dans notre sweet homme, il fait 60° à midi et glacial la nuit sur nos lits de camps. Nous préférons rapidement vivre sur la dune en plein air. Nous retrouvons à nos côtés tous les émigrants que nous avions fuis au camp d'Arenas. Arié est appelé à l'armée. Plus jeune je suis sursitaire.

Du kibboutz à la *maâbara*, je prends conscience du permanent dilemme du peuple juif « aux errances persécutées » d'Albert Cohen. Le sionisme, mouvement de libération nationale, aventure juive séculière, qui a sorti les juifs des ghettos, est trop souvent décrit comme un simple tropisme vers Jérusalem.

Avec l'Hachomer, j'ai vécu le combat sioniste, réfléchi, construit, idéalisé, projeté : faire de l'homme ghettoïsé, un homme libre, responsable, constructeur d'une Nation, la sienne. Sur les terribles dunes de sable de Kyriat Gat j'ai découvert un autre aspect moins spectaculaire, plus confiant de l'aspiration millénaire, juive : le sionisme de « l'an prochain à Jérusalem ».

Les uns ont la foi dans la lutte, l'action, contre l'adversité pour construire l'avenir ; les autres ont la foi en un Dieu qui les attend sur la terre partagée.

L'homme de l'action et l'homme de la Foi. Lequel des deux détient la vérité ? Le sionisme du jeune polonais universitaire, politiquement conscient des enjeux, ou celui du Yéménite rapatrié en Israël par avion en 1949 lors de l'opération « tapis volant », qui répond : « me voici », avec une confiance sereine à cette injonction millénaire : « je vous ramènerai sur le dos des aigles » ?

La renaissance de l'État d'Israël aurait-elle pu avoir lieu, sans l'action réfléchie de l'un, ou la fidélité de l'autre ? Il m'a suffi de quitter le rêve idéalisé du kibboutz, de mettre le nez à la fenêtre du nouveau pays d'Israël – huit ans à peine en 1956 –, pour me rendre compte que ce n'était pas si simple ; que les absolus ne règlent rien, et qu'il faut observer, regarder, s'imprégner sans juger, et tenter de trouver sa propre route.

Quand on y réfléchit, nombre de mouvements de libération nationale, ont conduit à une dictature de parti unique, et raté la libération individuelle. Ce n'est pas le cas du sionisme, qui ayant atteint la liberté nationale, a toujours connu – et connaît aujourd'hui encore –, une lutte interne et justifiée, pour le maintien des libertés individuelles et politiques

De ces années passées au kibboutz, nous avons conscience d'avoir perdu l'insouciance de l'enfance, d'avoir gagné en gravité, en profondeur, sur le sens et les conséquences de nos choix, de nos actes. Nous ne partageons plus seulement les séminaires, les rires et les pigeons de la tour, mais une question inquiète à deux : que sera demain ?

Pour le moment, il nous faut régler mon problème de scolarité avant le départ d'Arié. Nous nous rendons chez les sœurs de St Joseph à Jaffa, les seules à préparer au baccalauréat français. Accueil étonnant de chaleur et d'humanité. Nous n'avons pas besoin de nous étendre ; elles comprennent le dénuement, la solitude et la peur. Nous ne posons pas beaucoup de questions, elles ont des réponses.

Annoncer aux parents ce changement d'orientation ? Elles ont la solution : prévenir par la centrale de Marseille, les sœurs de St Joseph à Sousse. Deux de mes jeunes sœurs y sont scolarisées. Kyriat Gat est trop loin ? Une chambre aveugle ancienne cuisine désaffectée en entresol, pourra servir de crèche, pour une somme modique. Une camarade m'y rejoindra bientôt pour partager les frais. Les parents pourront, par le même canal adresser une discrète aide financière sans aucun autre échange possible.

Me voilà assise dans une salle de classe ! La cour des miracles devrais-je dire. Les camarades ont pour chacun d'entre eux une histoire, une vie d'avant à raconter, à regretter, à fuir. Mon amie, la rieuse Ketty Ghaoui, est palestinienne de Bethléem, on circulait librement à cette époque, Gilbert tout juste expulsé du Caire, se lamente et nous raconte avec son accent chantant, que là-bas il roulait en Bentley et qu'ici il est mendiant ; Hershko, lui, a fui la barbarie nazie avec ses parents et rêve de beaux diplômes français car la France…

Le corps professoral est tout aussi atypique, d'origine, de langue, de formation. En cours, l'émulation est à son comble, l'entraide absolue. Tous ont la volonté de s'en sortir. L'exotisme viendra du jour de l'épreuve. Le seul jury d'examen du Proche Orient habilité par l'État français, est au Liban, pays ennemi. Les frontières s'entrouvrent le jour du bac ! La délégation des examinateurs entre majestueusement en Israël, tels les Rois Mages, c'est l'événement de l'année.

Arié, redevenu Claude pour l'état civil, est à l'armée ; mais nous avons une chance folle, il a conquis le cœur de Sœur Germaine ! À titre exceptionnel, car aucun homme ne franchit les murs de la maison, il accourt, sitôt qu'il a quelques heures de permission ; nous avons le droit de vivre ces moments attendus, espérés, discrètement au fond du jardin, le droit d'être ensemble.

J'ai mon bac et l'ambassadeur adulé de tout Israël, le fameux Pierre Gilbert, m'offre à la distribution des prix, l'œuvre complète du théâtre de Racine dans une belle collection, pour avoir eu la meilleure moyenne du proche orient.

Hélas ! Après ce bonheur de réalisation, de construction, sur ce chemin qui commençait à prendre la forme d'un avenir, il me faut trouver le moyen de rentrer en Tunisie pour revoir mon père : il est mourant, il me réclame.

Les sœurs de St Joseph de Jaffa, sont contactées par des consœurs de Sousse pour leur annoncer un message urgent de ma mère : mon père est en fin de vie, la famille me réclame d'urgence.

Jour de tonnerre et retour aux origines, rien ne me laissait le prévoir, il n'a pas 50 ans !

Je quitte Israël, mais pour y revenir. Claude a encore trois ans de service à effectuer. Je suis sursitaire et ne peux quitter le territoire sans l'autorisation d'autorités militaires rigoureuses. De Tunisie, les appels sont de plus en plus pressants. Un mariage peut seul, me libérer de l'armée. C'est ainsi que dans un triste bureau, un rabbin saisi à la sauvette nous donne la bénédiction et le document qui me permet de partir. Nous venons de nous unir, pour nous séparer.

Après avoir quitté mon père pour Israël, je quitte Claude pour mon père. La séparation est déchirante, mais empreinte d'espoir de retour, malgré – nous le savons –, l'impossibilité de maintenir le moindre échange. Je rentre en pays ennemi, dépossédée du moindre indice, du moindre souvenir, de la moindre photo, de toute cette période de vie intense. Une fois encore, je ne me doute pas, que ce sera pour toujours.

À nouveau, sans l'avoir provoqué, une vie de retour sans retour. Trois nouvelles années d'interdiction totale de relations et de quotidiens contradictoires.

Lui, jeune soldat d'une armée exigeante et sans concessions. Blessé lors d'une opération frontalière, sans que j'en aie rien pu savoir ; et moi attachée au partage d'une famille durement endeuillée. Trois années qui ont eu raison de notre totale gémellité, de notre jeunesse, de notre indispensable complicité, de notre mutuelle et si belle confiance.

Des hoquets de vie hachée, imposés à qui n'a pas de lieu ; ne reste que le combat pour « raison de vie ».

Il faudra plus tard, dans un austère et triste bureau du tribunal rabbinique de Tunis, défaire ce lien, interrompu par l'absence, le silence, les quotidiens de vie rendus si distants, par la vie elle-même. En serrant les dents, une vie de ruptures à élaborer en avenirs.

Impossible de rentrer en Tunisie avec mes papiers israéliens, et une réquisition de l'armée. Les sœurs me seront d'un précieux secours. Je deviens pour un temps postulante!

Elles se mobilisent sans compter et interviennent pour m'aider à rentrer. À Marseille à Notre Dame de la Capelette, on me dresse de faux papiers de résidente française, antidatés pour prouver que je suis en France depuis… mon départ de la maison!

Je rentre en Tunisie après ce séjour purificateur pour la juive convaincue que je suis, au Monastère de notre Dame de la Capelette, grâce aux papiers que les sœurs ont réussi à me procurer. C'est ainsi que je peux retrouver les miens après des années de totale coupure.

Je me sens perdue à tous les niveaux, je n'en suis plus et pourtant! Difficile de camoufler le vent de totale liberté devenu mon quotidien « *là-bas* », comme il me faut réapprendre à dire pour parler d'Israël.

La famille n'est pas seule à avoir changé! La Tunisie est méconnaissable. Les juifs l'ont quittée déjà en nombre. Le travail dans les administrations leur est interdit. Les participants majoritaires et musulmans même sans amener de capitaux dans les entreprises sont désormais une obligation.

Me voilà revenue à mon point de départ, ce point que je pensais de non-retour. Prise dans la nasse des exigences morales et familiales, redevenue fille de…

Définitivement orpheline, de cette personne qui fut moi en ce lieu qui fut mien, que je garde tout au fond de moi et dont je ne suis en réalité, jamais revenue.

Quatrième partie

Fin du rêve…

Chapitre 20

« La vie n'est pas ce que l'on croit. C'est une eau que les jeunes gens laissent couler entre leurs doigts. »

J. Anouilh, *Antigone*

De retour en Tunisie, je découvre un pays indépendant aux clivages établis entre les communautés. La communauté juive est comme murée dans la peur silencieuse du « comment ça va finir ? ». Réduite au minimum par les menaces, les sourdes atteintes et les départs furtifs en cours.

De nombreux juifs subissent agressions et violences antisémites. On ne va plus, librement ou tout seul, faire ses achats au souk. Des restrictions administratives réservées aux seuls juifs apparaissent, sans accès à la moindre instance de protection ou de protestation.

Les ministres juifs ont été *remerciés* dès les premières années de leur ministère. Mais l'honneur est sauf, on en a eu !

Bourguiba n'est plus l'Occidental raffiné, il s'est arabisé pour tenir son peuple. Arabisé par la force des choses, et éloigné de la protection promise à la communauté juive. Répudiée la femme, merveilleuse institutrice convertie à l'Islam qui l'avait attendu durant toutes ses années de lutte et avait fait de lui un homme politique cultivé, rayonnant.

Une femme tunisienne authentique de sang et de cœur, lui succède. Circulez ! Il n'y a plus rien à voir !

Dès le bac la plupart des étudiants juifs, filent en France aidés de bourses de la MUCF (mission universitaire et culturelle française), pour étudier et fuir l'avenir définitivement incertain. Médecins, chercheurs, linguistes, économistes, nombre d'entre eux sont aujourd'hui l'honneur de la France.

Je dois passer mon second Bac, mais l'origine du premier risque de me coûter cher ici ; la série math se passe au lycée de garçons dont l'administration est tunisienne. À nouveau le choix m'est imposé par les circonstances. Ce sera donc à regret, Philo au collège de la MUCF, administré par la France. La rencontre avec un jeune prof agrégé, fera pourtant de moi, une adepte passionnée de la discipline. Le jour de l'oral, un professeur réputé pour sa stricte obédience communiste me questionne sur la liberté d'expression en régime « socialiste ». Les idéologies ont encore ici, toute leur amplitude.

Je reviens d'Israël, où le fameux procès des blouses blanches des années cinquante a bouleversé la vie et la crédibilité du socialisme à la russe. Ma réponse se termine en joute oratoire allant bien au-delà des conditions d'examen; pris au jeu aucun de nous deux ne veut lâcher prise, réplique pour réplique. Autour de nous, oubliant le bac, les autres candidats, s'enhardissent, et prennent parti dans ce qui est devenu une arène.

Un oral mémorable, où je pense m'être mise à mal; mais, surprise aux résultats, l'ambassadeur de France – en Tunisie cette fois –, me remet, pour avoir eu la meilleure note en philo, de magnifiques ouvrages de la collection Skira, abandonnés comme le reste, au musée des souvenirs, au pays de la crainte et de la peur.

Ma mère qui jusque-là, n'a jamais eu d'autre occupation que celles de créer de la beauté autour d'elle, se retrouve bien jeune veuve, en charge de trois enfants, en territoire hostile. Elle n'a jamais travaillé en des temps heureux, et tente de récupérer une partie des sommes avancées par mon père à l'une de ses proches relations de travail.

C'est un ami musulman de confiance et de longue date. Sa réponse est cinglante : « Mets la traite dans l'eau, bois l'eau, ça te fortifiera ». Inoubliable réponse et perte définitive de ces avances; comment et auprès de quel soutien porter plainte?

Il lui faut apprendre à travailler. Combative, et adroite, ses ressources artistiques et sa formation, font d'elle – l'ancienne privilégiée –, la couturière privée des belles dames de la bourgeoisie locale. Elle tente de rouvrir le commerce paternel, mais dans ce pays misogyne, la place de la femme est à la maison ; elle doit bien vite y renoncer. Pour l'aider je suis surveillante d'internat tout en préparant mon concours d'entrée à l'université.

En ville je découvre partout les conciliabules à voix basse, la méfiance, les discussions portes fermées, la crainte à tout moment. Voilà où en est la glorieuse Tunisie libre de 1960 !

Comme toujours en période de danger communautaire, les jeunes juifs tentent de se rassurer en se regroupant autour d'activités intellectuelles ou amicales. Il est désormais officiellement *déconseillé* – comprenez *interdit* dans la langue du pays – de se retrouver à plus de dix jeunes juifs réunis sur la voie publique. Les réunions se multiplient en intérieur, et je découvre ce nouveau combat.

C'est ainsi qu'un enseignant que je ne connais pas, guide spirituel et soutien de cette jeunesse quelque peu abandonnée, me contacte pour participer au cercle et donner quelques conférences. Directeur d'école du centre-ville, il se dépense sans compter pour le dernier groupe des étudiants juifs.

Il brave les interdits, organise sorties et rencontres, en dépit des consignes. Invitée à donner une conférence, je m'y rends. Il m'est recommandé de ne pas prononcer le terme d'Israël devant tout le groupe car « *on ne sait jamais* ». Parole et identités juives interdites, le doute partout.

Tout comme avant l'arrivée protectrice de la France, la vie juive redécouvre au quotidien, l'arbitraire, l'injustice, le mépris et l'interdit selon l'humeur et l'envie du maître du jour.

Passant au commissariat un préposé me lance en riant de bon cœur :

– Comment ils vont faire les juifs maintenant qu'il est exilé [*sic*] leur patron ?

– Exilé ? Comment ça ?

– Oui on l'a envoyé très loin là-bas, dans une école !

– Et bien je prends sa suite ! Affirmation imprudente, jetée par réaction, sans savoir de quelle suite il s'agissait !

Au local on m'apprend qu'en effet, ce directeur du centre-ville est envoyé dans un village inconnu pauvre et isolé de Djerba, appelé « Beni-Maâguel ».

Pour ce directeur appelé Raoul Sberro, c'est un véritable exil politique, une mise à l'isolement, camouflée en mutation pour nécessité de service.

Enfant de Sousse, Raoul Sberro a connu la guerre et quatre années d'interdiction de scolarité de 9 à 13 ans parce que juif. La Tunisie – on l'oublie souvent –, a connu l'occupation nazie, et ses terribles violences. Profondément marquées par cette injustice, la préoccupation de la jeunesse et son éducation ont guidé tout son quotidien. Passionné d'histoire et de géopolitique, il lui a fallu interrompre ses études pour travailler. Il a suivi le cursus de formation des enseignants de l'École Normale française. De diplôme français, il s'est vu rejeté de ce statut dès l'indépendance tunisienne, car juif tunisien. Directeur d'école en centre-ville, il est renvoyé par mesure politique restrictive du gouvernement tunisien à l'isolement pour occupations « culturelles nuisibles », tout au sud du pays. Sa faute : avoir offert à de jeunes étudiants juifs, le droit de vivre librement une vie culturelle assumée.

Le voilà donc pour des années puni à Djerba. Par dérision, il surnommera sa triste nouvelle villégiature de Béni Maâguel : « Béni ma Gueule ».

Il faut dans ce village, oublier l'eau courante et l'électricité. Une simple citerne sur la terrasse qu'un camion municipal vient remplir, un curieux réfrigérateur à pétrole, orné d'une cheminée qui fume régulièrement en poussant un soupir-à-vapeur. Il est hélas dans les vies juives, des pleins grés qui se font obligation, pour pouvoir survivre ou respirer tout simplement !

Par défi et colère, révoltée par cet abus de pouvoir, je décide de prendre la relève de cet exilé, que je connais peu. Directeur d'école, chef scout et animateur des étudiants juifs de Sousse; éjecté abusivement à 500 kilomètres, mais tenant tête à cette tentative de réduction au silence, malgré le danger, il poursuit sans interruption son action, épaulant, conseillant, soutenant la vie du groupe. Ces étudiants dont j'ai pris la tête, pour maintenir une identité et une vie culturelle.

Les actions se multiplient. Comme en tant de guerre, rencontres et conférences dans des appartements privés, par crainte des autorités. Création d'un journal que l'on se passe de main en main, pour éviter de le voir interdire. Moments chaleureux, vécus par prudence en milieu clos chez des particuliers.

Culture interdite, mettant parait-il en danger, la sacro-sainte « unité nationale », à laquelle en tant que juifs nous n'avons pourtant pas droit. L'essentiel est que rien ne « déborde » à l'extérieur pour éviter les représailles. Retrouvailles discrètes, dans une quasi-clandestinité qui scelle l'union. Pour ce parcours risqué, tous les conseils d'actions et de prudence, nous viennent du sud, de « Beni-Maâguel » ! Je m'y suis rendue, pour remercier le lointain protecteur.

Découverte étonnante du lieu de résidence imposé à notre guide, par des autorités abusives. À Beni-Maâguel, des élèves souvent faméliques, arrivent à l'école nus-pieds après des kilomètres de marche, portant les plus jeunes sur le dos

Des élèves nourris à la « goutte de lait », des aides humanitaires, dont les pères vivent tout au long de l'année, au loin dans de minuscules échoppes à travers le monde pour gagner leur vie. Aller à l'épicerie en ville en Tunisie se disait « aller chez le Djerbien ». Ici, les enfants vivent auprès de grands-parents, dans un grand dénuement physique, psychique, affectif. Mais, à Djerba, supporter la misère dans la dignité, fait partie de la vie.

Silencieux et graves, à la queue, ils attendent le verre de lait en poudre des humanitaires avant d'attaquer leur demi-journée de classe. Il faut rentabiliser les locaux et les enseignants. Chaque salle de classe est utilisée deux fois la même journée par les mêmes enseignants avec des groupes classes différents.

De cette école de Beni Maâguel Raoul fera un petit paradis ! La cour de l'école se transforme en un potager où les élèves plantent et récoltent, malgré le prix de l'eau, que le chameau qui fait tourner la noria de l'autre côté du mur, distribue avec parcimonie, accompagné des hurlements impatients du vieux concierge propriétaire du puits

Les élèves s'accrochent et prennent goût à la réussite scolaire, à la vie d'enfant tout simplement. Complicité, émulation, création d'une coopérative, distribution de postes de responsabilités, la pédagogie avance à grands pas. Les progrès sont collectifs et prometteurs.

Ces enfants prennent enfin conscience de leur condition d'enfants, de l'importance d'avoir des droits, d'être reconnus en tant que tels. Les différents responsables prennent leur rôle très au sérieux

Par ses méthodes pédagogiques innovantes et humaines Raoul fit de cet établissement abandonné de tous, un havre de paix, d'enfance, d'éducation où j'ai, à ses côtés, beaucoup appris.

Le boucher du coin cède à ce directeur entreprenant une part des bêtes abattues pour un prix symbolique. Et voilà la cantine de l'école passée du morceau de pain tartiné d'harissa au plat de viande quotidien. Les villageois n'en reviennent pas, et des années après on parle encore dans la petite épicerie du fameux « Modir » le directeur.

Quand je suis là, nous allons à l'une des « haras », la ville juive, car il y en a deux. Notre bonheur c'est le fameux « bar américain ». Une échoppe aussi sombre et triste que l'épicerie de Bachir, des cageots de bois à même le sol devant la porte, et là, devant un verre de thé, nous mêlons nos mondes si différents d'attentes, d'espoirs, d'avenirs.

Les juifs pourraient ici, être visuellement confondus avec la population locale; ils sont habillés à la mode du pays, sarouel et burnous. Un infime détail les différencie au premier coup d'œil : au bas du sarouel juif, un fin liseré noir marque le deuil millénaire, du temple de Jérusalem! Foi en l'avenir, fidélité et mémoire. Nous découvrons parmi eux, une tradition profonde et réfléchie des enseignements ancestraux.

Accroupi à même le sol auprès d'un vieux rabbin aux yeux blanchis par le trachome, Raoul explique son bonheur de pouvoir lire en français des analyses du judaïsme. D'une voix douce et amusée le rabbin lui répond : « Mon fils, tu penses lire la Bible, en français, tu caresses une belle femme avec des gants, et tu crois savoir ce qu'est une belle femme ? ». Sans commentaires, mais tellement bon !

Raoul Sberro ne fut pas pour moi, une « rencontre », il fut une évidence ! Est-ce utile de préciser que l'année finie, nous étions mari et femme.

Ses héros étaient Edmond Fleg, ou Jules Isaac, les miens Kovner ou Pinsker. Il me parlait du « Chant nouveau » je répondais « autodétermination ». Il approfondissait les valeurs humaines du judaïsme, je rêvais de libération individuelle. Différents mais solides et inséparables, l'image même du destin du peuple juif, de sa dualité et ses envols, de ses conflits internes.

Ensemble nous avons découvert d'autres voies lumineuses, nous avons reconstruit un patrimoine commun, enrichi de nos deux visions du monde.

Autour de nous, la vie sociale de la Tunisie indépendante, s'organise. Selon les accords conclus d'autodétermination avec Mendès France, la France se retire et donne aux enseignants étrangers de diplômes français (c'est-à-dire à quatre-vingt-dix pour cent de juifs) six mois pour se présenter au Consulat et demander une naturalisation express, validant leur diplôme.

La Tunisie est un simple protectorat; les juifs autochtones sont sujets tunisiens. Sujets protégés des Français depuis 1880, ils sont, dès l'indépendance tunisienne de 1956 « protégés » de leurs nouveaux propriétaires, tunisiens cette fois, avec toutes les restrictions que cela impose pour un juif en terre arabe. Nombreuses carrières administratives ou de responsabilités interdites. Un statut évident d'infériorité permanente. Le nouveau pays indépendant ne leur permet pas de quitter le territoire, et ne cache pas sa volonté de laisser couler les courants de haines verbales, et d'actes antisémites.

Cette éventuelle naturalisation leur aurait permis d'échapper vers la France, de protéger leur avenir, leurs enfants et leurs biens. Cette offre apparemment généreuse ne fut qu'un simple traquenard. Un arrangement à la Ponce-Pilate.

À la seconde même et dès la parution du décret, devant les portes de tous les consulats de France, des sbires de la police tunisienne s'installent. Le premier juif qui s'y présente se voit confisquer ses papiers tunisiens et dans l'impossibilité – sans papiers – de demander la naturalisation. C'est surtout, la certitude de ne plus pouvoir quitter le pays et de se mettre sous l'œil du tigre !

Aucun enseignant juif ne l'a tenté. La France s'est ainsi débarrassée sans problème de vingt-cinq mille retraites d'enseignants. Ces mêmes enseignants récupérés par le Ministère de l'Éducation Tunisien, se voient proposer des postes ingrats et difficiles malgré leurs anciennetés et leurs niveaux de certifications. Sans possibilité de recourir à un quelconque secours.

En cette période transitoire, Bourguiba a une idée de génie : tout jeune tunisien qui passerait le certificat d'étude français serait dispensé de faire les trois ans d'armée. C'est un plein succès et un acte d'intelligence : les jeunes travaillent d'arrache-pied pour atteindre ce fameux certificat et on a la surprise peu à peu de voir ces jeunes « certifiés » prendre à des juifs bien plus diplômés, leurs postes d'enseignants l'année suivante !

Bourguiba a en douceur réussi l'arabisation du personnel de l'éducation nationale avant d'en arabiser quelques années après, la langue ce qui va exclure les enseignants juifs de façon radicale.

Au Lycée où j'enseigne depuis mon mariage, je ne vois pas la moindre trace de salaire malgré les mois qui passent. Contacté, le proviseur, un homme cultivé qui fut un honorable professeur scientifique du temps de la France et dont je tairai le nom connu en Tunisie, – par charité chrétienne –, me répond calmement : « *Vous comprenez, le pays a des difficultés, on doit d'abord payer les coopérants, puis les Tunisiens…* » Interloquée, je demande « et moi, je suis quoi ? »

Un simple geste du menton vers le ciel, me fait comprendre que Moi, justement dans ce pays je ne suis rien ! Tout juste une sorte de volapük utilisable et corvéable mais nullement ouvert aux droits humains.

Les méthodes d'expulsion en Tunisie furent si douces, humaines, et respectables que j'en aurais du mal à dire qu'un jour je me suis retrouvée *réfugiée.* Colonisés, et pour certains islamisés par les conquérants de l'Hégire, libérés par le protectorat français, rejetés par l'indépendance reconquise, les juifs de Tunisie sont-ils des réfugiés ou de simples émigrants ?

Pour tenter de faire comprendre comment ils ont été gentiment poussés hors de ce qui fut leur lieu depuis Carthage et la Phénicie, j'ai délibérément choisi de partir d'un vécu, d'une simple histoire sans recherches ni analyses, car chacun d'entre nous a quitté la Tunisie « *selon son histoire* ».

C'est là la grande subtilité de ce transfert de population ou nettoyage ethnique selon l'acception des puristes du vocabulaire géopolitique. N'en faire qu'une succession d'histoires personnelles, apparemment sans lien les unes avec les autres, qui pourtant sont indissociablement liées, et aboutissent à l'anéantissement d'une communauté d'origine.

Le raconter ainsi, m'a paru plus concret bien que plus subjectif. Certes nous n'avons pas été chassés d'un seul tenant! Nous avons été tout juste menés vers l'extérieur, sciemment petit à petit en supprimant peu à peu, les droits humains qui constituent pour chacun dans son pays d'origine, la vie au quotidien.

Chapitre 21

« Avoir vécu dans un monde qui se défait, m'enseignait l'importance du Prince. »

M. Yourcenar, *Mémoires d'Hadrien*

À partir de l'indépendance le quotidien bascule : Juif, sioniste, Israël, c'est le total maelström. Les Juifs français et italiens, ont un consulat, une ambassade, pour les représenter, défendre leurs droits, et leur assurer un départ vers l'étranger, si nécessaire.

Pour les Juifs tunisiens, c'est-à-dire la majorité, c'est un retour à la case départ, avant l'arrivée de la France en 1880. Se taire, se faire oublier, subir, ne rien manifester à l'extérieur, vivre à l'étouffée ; ne surtout pas faire valoir ses droits ; toute réclamation est vécue comme une atteinte « à la sûreté de l'État » et punissable en conséquence.

Les choses virent ouvertement au drame en 1961 au moment de la crise de Bizerte. Tous les hommes juifs tunisiens de dix-sept à trente ans sont encasernés pendant la durée du conflit pour s'assurer de leur neutralité. Non, pardon ! De leur – *sécurité* –, nous a-t-on dit.

Je suis mariée depuis une semaine et attendrai le jeune époux, deux mois durant !

Sous les fenêtres on demande en hurlant des B26 américains, et on crie à la haine d'Israël. C'est effrayant, et le déchaînement incontrôlable perceptible à tout instant. Les juifs se taisent et se terrent.

Les enseignants juifs, eux encore, sont pris au piège : ils n'ont plus le droit de quitter le territoire sans autorisation. Les biens juifs ne valent plus tripette, tous savent désormais que l'héritage gracieux et gratuit de biens juifs abandonnés, est pour bientôt.

La violence est à la porte de la moindre famille juive. Tout est bon pour agresser, embastiller et salir le casier judiciaire, ruinant tout espoir d'expatriation vers la France. Sur le plan politique et sécuritaire, il est urgent de se débarrasser et de détruire tous documents livres et musiques relatifs à Israël.

Moments intenses et douloureux : il a fallu brûler dans la fièvre à des heures secrètes, le moindre livre portant le terme maudit Israël, et détruire des chefs-d'œuvre ! Il a bien fallu, en larmes, écraser au pilon jusqu'au dernier disque de musique juive et israélienne. Je ne pardonnerai pas à mes *protecteurs* du moment, le petit quarante-cinq tours gravés de l'El Malei Rahamim d'origine – aujourd'hui introuvable – du rabbin Sholom Katz.

Sauvé de la mort par un mélomane allemand, ému en l'écoutant chanter au bord de la fosse fatale cette prière pour sa communauté condamnée, – cela se faisait aussi –, mais qui ne put être sauvé une deuxième fois de la haine, – arabe cette fois.

L'année suivante, nous sommes parents de notre premier enfant tellement désiré ! Une petite princesse aux grands yeux noirs qui fait notre joie, notre fierté. Entourée, protégée, aimée, admirée, vécue comme notre premier chef-d'œuvre. Malgré les kilomètres qui nous séparent en semaine, Béni-Maâguel n'est pas un lieu pour un bébé, nous restent les week-ends. Je suis à Sousse, avec les grands-parents. Le bonheur est-il fait pour durer ?

Notre vécu va coûter cher à notre enfant Un médecin musulman de nos amis nous prévient en toute urgence que mon séjour en Israël est découvert, qu'il faut partir immédiatement, sans crier gare. Cet ami nous facilite l'accès à l'aéroport et nous permet d'éviter les autorisations de passage. Il nous fournit – à ses risques –, le faux document médical attestant que la santé d'un bébé malade, exige un rapide aller-retour vers la France. Nous partons sans le moindre bagage, et sans argent. La sortie de devises étant totalement interdite.

Nous partons vers l'inconnu, avec un paquet de langes, un nouveau-né, et un dinar c'est-à-dire rien. Nous laissons la voiture garée devant la maison, *notre* maison entièrement montée. Avant le départ, nous étendons ostensiblement, du linge sur la terrasse, pour retarder la découverte de notre fuite. L'essentiel est de quitter le territoire avant la souricière !

En route pour Tunis, vers l'aéroport, dans un taxi collectif, moins surveillé que les voitures privées. Au passage en douane faire face aux regards soupçonneux ; se maîtriser, sourire, la peur au ventre, s'excuser, mettre en évidence l'absence de bagages, car « *nous revenons dès demain* ».

De cette vie d'un autre temps, je n'ai pu, à nouveau, emporter, le moindre souvenir, la moindre photo. Une vie une fois encore à reconstruire, une mémoire encore à improviser.

Cette permanence de l'oubli imposé si fréquente dans toute vie juive, expliquerait-elle le besoin d'épanouissement, d'intensité du vécu au quotidien, caractéristique de toute communauté juive qui se reconstruit. Ce grouillement de vie importune parfois l'environnement qui n'en perçoit pas les fondements dans l'atavisme de l'errance.

Certes notre combat culturel et éducatif, visible bien qu'interdit, au service d'une jeunesse minée par les doutes, inquiète d'un avenir sans issue, et d'un barrage de frontières infranchissables, nous a mis au premier plan du danger, dans un pays de plus en plus hostile à la minorité juive.

Bien sûr qu'en découvrant mon long séjour en Israël, je devenais la cible parfaite d'un gouvernement, à la recherche d'alibis, pour cacher à son peuple, son incapacité à régler des problèmes sociaux économiques, et canaliser sa colère vers d'autres causes.

Oui, il nous a fallu, pour rester libres, et éviter le pire de la violence, fuir bien vite, sans un sou avec un nouveau-né dans les bras. Abandonner nos biens et notre récent passé commun, loin de ce pays qui ne voulait plus de nous.

Les années où nous devons vivre sans papiers sont difficiles. Des mois sous la tente dans la forêt de Chantilly. Du travail à la volée pour des employeurs qui veulent bien jouer le jeu d'une attestation de bonne conduite, et nous sous payent allègrement.

Nous entrons dans le cercle vicieux des sans-papiers : Il nous faut trouver un patron pour obtenir un visa de travail, mais trouver un patron, exige d'avoir déjà obtenu un visa de travail.

Un emploi temporaire nous est offert pour l'été : la direction de colonies de vacances sous tente, en forêt de Chantilly. À la clôture de la colo, après le démontage du camp, une tente nous est gentiment laissée pour demeure, car nous ne savons où aller avec le bébé. L'épreuve est d'autant plus lourde à supporter que notre bonheur de parents est devenu culpabilité, face au quotidien de notre enfant qui a basculé lourdement. Privée par nos choix, de son environnement familial tout à sa dévotion, de ses jouets, de son monde. Notre enfant roi est subitement devenu notre petit juif errant.

Il lui en restera et pour toujours une crainte du lendemain, qui emporte les certitudes d'aujourd'hui.

L'été est enchanteur dans la forêt, l'automne l'est beaucoup moins, surtout dans la solitude, la pluie, la gadoue. Nous sommes dans le parc d'une fondation gérant un foyer d'enfants cas sociaux. Ce sont des mineurs juifs isolés, en attente de parents en cours d'émigration. À l'entrée de l'hiver la direction nous y propose un poste à des conditions sévères ; pouvions-nous refuser ?

Les tâches et les salaires sont globalisés, peu définis, ce qui permet à l'employeur, de nous imposer des horaires et des rythmes en perpétuels et brusques changements, comme en alourdissements. Logés dans une pièce sans chauffage sous les combles. La douche est à Chantilly, aux douches publiques, une fois par semaine. Nous n'avons aucun moyen de transport et ne pouvons facilement échapper aux contraintes imposées.

Une fois par mois, il nous faut tous trois, nous déplacer par les moyens du bord, – journée sans salaire bien entendu – jusqu'à la préfecture de Versailles. Un trajet effrayant et inoubliable, lors du terrible hiver de 1963. Présence physique obligatoire, bébé compris ; un seul jour de retard, peut nous coûter le fameux visa de séjour. Pour l'obtenir il nous faut tous les mois, fournir à des services impitoyables, un « certificat de bonne conduite » de notre employeur, qui nous le met sous le nez à tout bout de champ, comme une terrible menace. La boucle de la soumission est bouclée.

Qui parle ici de diplômes, de compétences, d'humanité ? Il arrive, que l'on nous dise froidement à Versailles : revenez demain, le visa n'est pas signé.

Dans cette maison, les enfants ne sont pas mieux lotis que nous. Nous ne pouvons nous empêcher, Raoul et moi, de prévenir leur révolte, la nourriture infâme, et l'absence de commodités, de tendresse. Nous créons sous les combles, une chorale, des sessions de théâtre, de scoutisme, avec les moyens du bord. Plusieurs de ces enfants, devenus parents aujourd'hui, sont encore en relation avec nous, et parlent de ces moments volés à la détresse, comme de moments précieux. La direction hystérique, ne supporte pas cette proximité éducative, et détruit tout ce que nous construisons avec force hurlements, et punitions aux participants. Au bout d'un an, l'autorisation de travail, enfin obtenue, nous permet de fuir Creil, et d'accepter un autre emploi ; un autre foyer, d'autres misères enfantines à consoler, à réduire, à épauler. Cet univers de « raccommodeurs de vie », semble vouloir s'incruster en nous, et nous y faisons face à deux, au détriment de notre nouvel enfant, auquel nous avons bien peu de temps à consacrer ; les contraintes de l'emploi, dans ce foyer pour cas sociaux bien plus en danger que les précédents, nous dévorent.

Là aussi bien que moins graves les manquements aux droits sont légion à notre encontre. Est-ce vraiment utile de poursuivre ce catalogue de la difficulté à s'intégrer en France même diplômés, mêmes convaincus et aimant la République ? Quand je compare ces années aux protections accordées aujourd'hui au statut de l'immigré, je constate que les humanitaires ont heureusement gagné, contre l'impitoyable misère.

Les douces joies de la parenté autour du berceau d'un second nouveau-né attendu, désiré, semblent devoir nous fuir. Il nous a fallu temps et épreuves pour nous rattraper avec ferveur. Ce fut le cas, plus tard, avec l'arrivée choisie de notre troisième enfant, et avec elle, la nationalité et les droits de libre citoyenneté.

Difficile et inutile de revenir davantage sur ces cinq années de misère qui ont précédé notre naturalisation en France, et notre accession enfin à un vrai travail et un vrai toit.

L'arrivée des Juifs de Tunisie – tunisiens pour la plupart –, est un problème ingérable pour la France qui doit accueillir le retour des pieds noirs, tous français eux.

Cinq années où nous avons couru les maisons d'enfants, les abandonnés sociaux, les délinquants pour des salaires de misère, car nous étions exploitables à l'envie. En dépit de nos diplômes universitaires et de notre formation nous n'étions là, disons-le, que des Tunisiens sans statut.

Mais nous avons pu à deux, côte à côte, éduquer redonner identité et morale à de nombreux jeunes vivant le drame de l'explosion des cellules familiales après la décolonisation. Nous comprenions leur détresse de l'intérieur, sans rien en dire nous vivions la même, en plus lourde car déjà parents.

Enseignants de titres et de diplômes français, il nous a fallu quitter la Tunisie parce que Juifs, en France nous ne sommes que des Tunisiens dont la Tunisie ne veut plus ! En France, nous ne sommes rien d'autre, que de vagues sans papiers, malmenés et gênants pour tous. Nos diplômes se sont évaporés et avec eux les états de service et les défraiements de retraites.

Qui se soucie de ces Juifs qui après tout, ont un autre pays possible qui les attend. Mais la culture française est une chaîne indestructible de l'esprit et du cœur. Dégradés et dépossédés, nombre de ces enseignants ne se voient pas vivre ailleurs que dans le pays de leur culture. Malgré la révolte, il a fallu bien sûr, repasser un jour ces diplômes pour accéder à de véritables postes d'enseignants. Je l'ai fait ; Raoul éternel révolté par l'injustice l'a refusé obstinément.

Pour ceux des nôtres encore restés en Tunisie, les choses ne vont pas mieux. Les fuites et les départs se multiplient donnant une nouvelle idée aux financiers tunisiens : le Quitus ! Tout Juif tunisien voulant se rendre à l'étranger même pour un court séjour, n'obtiendra son visa de sortie que contre un certificat du ministère des finances fixant le montant de la somme, à déposer en dépôt pour quitter le pays « momentanément ».

Cette somme doit être déposée en espèces.

Pour se procurer cette somme dès lors, de plus en plus souvent, les Juifs paniqués vendent à tous crins ; voitures, maisons, tapis, pour des sommes dérisoires. L'essentiel est de récolter la somme due qui est désormais affichée à la vue de tous, sur la porte du requérant.

Dès l'apparition de ce signalement c'est le cercle infernal : obligé de vendre mais plus rien n'a de valeur car il faut vendre vite. Les Juifs soumis à ce régime ne sont en général pas revenus du voyage enfin autorisé, laissant leurs biens à l'abandon, et souvent une partie de la famille restée sur place en difficulté.

Pour nous, partis avant la création du quitus, la totalité de nos meubles et l'électroménager serviront à faciliter le départ des beaux-parents, sans l'infâme papier, quelques mois après : Un officiel du moment invité à boire un café dans notre appartement, l'a visité. D'un simple geste de menton sans prononcer un mot, il a désigné à mon beau-père ce qu'il désirait voir porter chez lui rapidement. Ainsi fut fait, porcelaine et argenterie tout y est passé !

Voilà l'un des chemins sinueux et hypocrites utilisés en Tunisie pour nous chasser sans nous faire partir, tant il est vrai que pour les puristes, le problème de fond est de savoir si les Juifs ont quitté les pays arabes chassés ou de leur plein gré. Subtilités de vocabulaire ou réalisme politique ?

Ce territoire nous l'avons quitté, selon l'exigence voilée de ses nouveaux maîtres. Nous y avons abandonné nos biens, notre passé, comme l'ont toujours fait ceux de notre peuple, au long de leurs pérégrinations millénaires. Comble de l'ironie, tous les objets cultuels juifs sont devenus patrimoine de l'État tunisien, par un décret autoritaire.

Des rouleaux de Thora, propriétés familiales ancestrales qui ne seront plus lus, condamnés au silence pour l'éternité.

Un musée d'histoire juive ouvrira certainement ses portes un jour, c'est le lot de tous les pays « judenrein » d'afficher leurs juifs sur les murs d'une galerie de musée.

De cette évaporation qui ne fut jamais un événement de masse, mais un rouleau compresseur nous écrasant à petit feu, chaque juif tunisien, racontera « *son* » émigration, tant ce fut un parcours singulier, hasardeux, solitaire et imprévisible. Un seul objectif : réussir à partir.

Pour notre famille, ce fut l'éclatement, la dispersion dans l'innommable hallali ; la disparition d'une dynastie du grand sud, disloquée par l'histoire.

Dès 1950, oncles, tantes, cousins, ont rejoint le pays d'Israël renaissant. Ils y sont aujourd'hui définitivement chez eux. Ils y ont gagné la sérénité et la maîtrise du temps ; ils s'y sont construit un passé et peuvent parler au futur. Ils savent que de là, ils ne repartiront plus.

Mon père dort dans cette terre tunisienne, qu'il respectait tant, et qui lui refuse le repos d'une sépulture close par une pierre tombale aujourd'hui disparue.

Ma mère, prime par l'originalité de son départ. En 63, un an après notre fuite, elle décide avec mes deux jeunes sœurs collégiennes, de passer quelques jours de vacances en France avec nous, pour nous aider. Une simple valise pour un court séjour. Sur le bateau rencontre des plus mondaines avec une charmante voyageuse qui la met en confiance. Volubile et imprudente, elle confie à cette compagne qu'elle trouvera à Paris de l'argent confié à des coopérants français, la sortie de devises étant totalement interdite. Procédé largement utilisé à l'époque, une belle commission étant retenue au retour de ces biens.

L'un des garçons de cabine, prévient ma mère à voix basse que cette femme est une dénonciatrice notoirement connue ; qu'il valait mieux en cas de confidences, ne pas revenir en Tunisie. Ce fut le cas et voilà comment la France a hérité de trois émigrantes supplémentaires et démunies, car les fonds espérés n'ont jamais été récupérés. Afin de survivre, il a fallu coudre à profusion, des robes de mariées Pronuptia, et des manteaux d'enfants Carabi.

La cadette de nos sœurs est restée en Tunisie comme styliste privée de Madame la présidente. En 1967, elle a fait les frais à Tunis, du début de pogrom faisant suite à la guerre des Six Jours. Un départ dans la violence dont elle sera marquée pour toujours, dans la peur et l'angoisse

Énumérer ces litanies pour faire pleurer Margot ? Il n'en n'est rien, car chacune d'entre nous a fait sa place en France à force de travail, d'acharnement, et de volonté d'intégration.

Cinquième partie

Et pourtant…

Chapitre 22

Moque-toi, moque-toi des rêves
Que moi le rêveur, je dis.
Moque-toi ! Je crois encore en l'homme,
Car je crois encore en toi…
Saül Tchernichovsky

Vidé aujourd'hui de sa communauté, ce pays s'appelait Numidie avant l'invasion arabe, sa population d'origine était composée de Phéniciens et Berbères judaïsant. On l'oublie souvent, en Tunisie, les authentiques autochtones du pays, et principalement ceux du sud, sont les Juifs. Leur mémoire s'arrête aux rives de sable de la Méditerranée. Ils ont été colonisés par l'invasion arabe, convertis de force à l'islam pour une bonne part d'entre eux. Ces conversions expliquent la mixité des noms patronymiques indifféremment juifs ou musulmans.

Cinquante années de colonisation française, ont suffi à leur redonner vie, culture, honneur, éducation ; liberté bien vite reprise en main par une Tunisie indépendante, conquérante et castratrice. Et l'on me parle de l'humiliation de peuples colonisés par la France !

Allons donc ! Vous voyez bien que nous avons tout quitté : nos biens, la mer, le soleil, notre histoire millénaire, nos morts au cimetière, de notre total et plein gré !

Pourtant, quand j'égrène mes souvenirs, l'université de Tunis restera pour moi, un temps privilégié. La France a établi en ce pays un circuit éducatif exemplaire, je tiens à le répéter. Nous avons reçu ce que peu de jeunes français reçoivent aujourd'hui sur le territoire national. Qualité des installations, des enseignants de valeur, plaçant très haut la barre des exigences.

Les cours de sociologie et Philo sont sous la houlette du grand Jean Duvignaud, celui de Chebika. Un lien riche et chaleureux unissait ce professeur volubile – ex-compagnon de Clara Malraux, ami des plus grands intellectuels du moment –, à la jeune étudiante que j'étais. Étudiante privilégiée, le soir après les cours, il m'invitait dans sa villa de Carthage. Soirées passionnantes d'échanges inoubliables !

Que de rencontres et de souvenirs. Georges Perec, Lucien Goldman du Collège de France, Gurvitch. Oui, je les ai tous rencontrés ; conviction pour conviction. Avec l'insouciance de la jeunesse, j'ai ferraillé pied à pied avec chacun d'entre eux. Certes nous n'avions pas le même âge mais ils ne me le faisaient pas sentir et j'avais tant de choses à dire et à comprendre.

Parmi ces grands noms de l'Université de Tunis, comment oublier l'ineffable Richard Marienstras. Grand escogriffe dégingandé à l'humour déchirant, un puits de culture jaillissante, aux yeux pétillants de malice, qui nous enseignait le théâtre de Shakespeare et l'anglais moyenâgeux comme pas un.

Il était pour moi un mystère, une fascination permanente ; je le percevais si différent sans savoir dire pourquoi ; son humour, son sourire moqueur et chaleureux, son air de *venu d'ailleurs*, d'une autre planète, apparemment déconnecté du réel et pourtant si réaliste quant à notre approche.

Il me fallut bien du temps, et la sortie du livre le « Dernier des justes » de Schwartz-Bart que je présentais au local des étudiants juifs, où immense surprise, Marienstras était présent, pour découvrir son mystère et sa longue errance, la lutte, la résistance, la Pologne. Il était l'ange protecteur du jeune ouvrier ajusteur et résistant Schwartz-Bart.

Marienstras était juif ! Son clin d'œil amical et l'échange de notre sourire complice ce soir-là, achevait de le placer au firmament de mes idoles.

Avec des enseignants comme Duvignaud, Jankélévitch, Marienstras nous étions marqués au fer rouge de la soif de comprendre, de connaître. Nous sortions de leurs cours, saisis de la vibration de leur émotion.

Tels des fruits brusquement mûris par une canicule inattendue, débordants d'une sève épaisse, prête à se déverser.

Il nous fallait alors à tout prix, nous démettre en partie de ce que nous avions reçu.

C'est à l'extérieur du cours, que s'écoulait entre nous, le meilleur de la passion, la fulgurance de la communication. C'est à la lumière du jour que nous éprouvions les balbutiements du dialogue intrinsèque. C'est avec le meilleur de tes amis qu'il te fallait échanger, discuter, combattre, admettre…

En bref, essayer de redevenir soi-même après la traversée du grand souffle de la vie. Combien dans notre vie sociale d'aujourd'hui, la communication en dehors de l'utilitaire, se fait dans la solitude de sa tête, face à soi-même ou à l'un de ses écrans.

Les réseaux – dit-on –, mais réseaux pour Qui, et pour Quoi ?

Sixième partie

Enseigner l'espoir, en France, aux enfants d'immigrés

Chapitre 23

« L'école de la réussite : Makarenko pour mentor pédagogique et Bettelheim pour le rêve d'enfance. »

En égrenant ces souvenirs dans le désordre de l'instant, je réalise à quel point dans une vie d'émigrant, l'odeur d'une terre, la couleur d'un ciel, le souvenir d'un visage, restent accrochés à la besace pesante d'une vie à réinvestir !

Loin du confort de ces vies programmées dès la naissance et du « tu feras l'ENA mon fils », la vie d'un émigrant se construit, se détruit, se reforme au gré des changements de lieu, de statuts, de rencontres et de droits à reconquérir.

Elle est une distanciation permanente de ce que l'on a été, de ce que l'on a failli être et devenir, de sa nature, de son projet de vie initial, de ses rêves. Voilà pourquoi, durant ce parcours la volonté de garder profondément ancré en soi, l'émerveillement de « l'avant », de l'époque de tous les possibles reste une bouée d'arrimage.

Quand l'avenir s'estompe, restent les souvenirs. Le souvenir du bonheur construit qui a été, permet seul, de se refaire un futur.

De cet avenir qui s'est pour moi reconstruit si différent de ses attentes, je me demande parfois : au fond, aujourd'hui, qui suis-je vraiment ?

1968 ! Me voilà enfin française et acceptée à l'Éducation nationale ! Dans sa grande générosité l'administration me cantonne sans me laisser le choix, à l'Enseignement spécialisé ! Je rêvais d'enseigner Platon et me voilà au fond de la caverne. Il m'a fallu jongler, improviser, moi qui n'avais jamais rencontré un enfant scolairement dit « inadapté », avant mon arrivée en France !

La rencontre fera date. Je suis nommée dans une structure répondant au nom inconnu jusque-là de S.E.S. (Sections d'éducation spécialisée).

Création nouvelle de 1967 à l'Éducation nationale. Selon les textes ce sont des structures autonomes sur le plan pédagogique, intégrées au collège devenu « unique », destinées à des élèves ayant deux ans de retard en fin de cycle élémentaire.

Ingénieuse association d'élèves en difficulté accueillis dans le même collège que tous les camarades du même âge. Leur statut y est habilement protégé : groupe classe limité à quinze élèves et un enseignant unique.

Ces structures ont été selon ma longue expérience et mon total investissement à leur profit, la création la plus subtile, la plus réussie et la plus aboutie pour sauver les anciens candidats du certificat d'études disparu, que le collège unique ne pouvait accueillir en raison de leurs lenteurs d'adaptation.

Elles sont aussi arrivées à point nommé, pour scolariser et intégrer les nombreux nouveaux élèves étrangers du regroupement familial, acculturés et en difficulté.

L'inspecteur d'Académie que je questionnais avec inquiétude, pour comprendre à la tête de « quoi » j'étais nommée, m'offrait un programme de rêve pour tout pédagogue convaincu : « Cette structure nouvelle sera ce que vous en ferez ! »

Nouveauté pour nouveauté, je pense avoir assumé ce conseil tout au long de ma carrière. Cette nomination imprévisible, conséquence des ruptures injustes de la vie est bien vite devenue pour moi, une véritable raison de vivre et de me battre : Autonomie pédagogique et intégration à la normalité ! Que demander de plus à l'école ! !

Les hoquets de mon parcours personnel m'ont projetée au confluent d'un riche faisceau éducatif : d'être immigrée et maghrébine, me permettait de comprendre intuitivement et dans leur langue, la réalité du silence distant de ces parents effrayés par le décorum de l'éducation nationale et l'instabilité de leurs enfants.

La découverte à Djerba auprès de Raoul Sberro de la pédagogie active de Freinet, fondée sur la richesse créative inhérente à l'enfant d'où qu'il soit. Ce vécu conforté par la lecture passionnée des « Poèmes pédagogiques » de Makarenko.

L'expérience de terrain, les méthodes pédagogiques vécues au Kibboutz, le partage de la vie de ces enfants acteurs de leur propre avenir dans le Beit Yeladim (maison des enfants), m'ont été d'une aide incomparable.

Par sa décision arbitraire, l'Éducation Nationale m'a offert l'occasion de réfléchir à ces réalités israéliennes kibboutziques : L'éducation dans le respect de l'enfant au sein d'une vie collective partagée, où fructifient les projets individuels les plus fous.

Superbe programme ! Makarenko pour l'idéal de la pédagogie et la vie au kibboutz pour sa mise en œuvre au quotidien.

Chacun de ces temps forts m'a enrichie d'une réflexion, d'un constat, d'un désir d'intervenir sur le cours des choses. Prendre une direction dès ma deuxième année d'enseignement, était le moyen privilégié de concrétiser cette prise de conscience au profit d'enfants bousculés par la vie et les conflits d'un monde adulte sourd à leurs attentes, à leurs souffrances.

J'ai tenté de mettre ces découvertes humaines au service d'enfants perturbés par la décolonisation et la perte de repères ; d'enfants étrangers, défavorisés, acculturés, livrés à eux-mêmes. Enfants de la réalité comparés aux enfants du rêve de Bettelheim.

Auprès de ces enfants, – avec eux – devrais-je dire, j'ai connu trente années d'un bonheur indicible à la tête de notre établissement. L'individu reconnu au sein d'une collectivité harmonieuse et partagée.

La jeunesse d'une nation est le ciment du projet commun. Elle se forge institutionnellement, à l'école. Mais l'époque est rude pour les Hussards noirs de la République, il nous faut y jeter un regard.

Nous sommes en 1974, la France connaît des bouleversements sociaux-éducatifs, aggravés par le regroupement familial, totalement impréparé par les autorités en place. Du jour au lendemain trente pour cent d'enfants dits « primo-arrivants-non-francophones », l'expression est jolie, sont déversés dans le collège devenu unique du ministre Haby au nom de la démocratisation de l'enseignement, du collège ouvert à tous, et de « l'égalité des chances » !

Catastrophe humaine, morale, pédagogique, dont nous payons lourdement les conséquences encore aujourd'hui. Comment l'école de France a-t-elle pu déverser sur la nation, de futurs adultes sans projection ni adhésion à un partage minimal de valeurs collectives.

Dans le même temps, la restructuration immobilière de Paris, exigée par l'économie florissante des Trente Glorieuses –, chasse les minorités les plus démunies de plus en plus loin vers la Couronne. Celles-ci viennent prospérer en masse dans les environs de Paris, une périphérie où la vie était, jusque-là, familiale, voire provinciale. Nous sommes encore loin des tristes « banlieues » d'aujourd'hui.

Ces populations sont relogées dans des constructions bâclées pour faire face à la demande. La politique de « regroupement familial » accroît d'autant l'afflux de populations migrantes aux mêmes endroits. Cette volonté généreuse d'adoucir les conditions de vie des personnes déplacées va considérablement dégrader les conditions générales dans ces résidences devenues « cités ». Ces transferts de population massifs et improvisés ont créé ce que l'on appelle aujourd'hui les ghettos. Par une déficience notoire d'analyse du contexte et du terrain, les pouvoirs publics ont favorisé le développement d'incompatibilités sociales et sociologiques, ont provoqué des situations de rejet, de tensions d'autoprotection humaines et naturelles.

C'est dans ce contexte, qu'il m'a paru vital de créer un tissu relationnel personnalisé, avec les familles sécurisées par la possibilité de me parler directement dans leur langue, sans passer par la médiation du petit voisin francophone. Par l'échange direct, il a été possible de responsabiliser ces parents dans le devenir de leurs enfants, de les introduire dans le partage éducatif indispensable à une intégration réussie sans violence.

Dans ce cadre sécurisé, je décidais enfin, de briser les règles et les habitudes administratives, en créant pour les élèves une structure en gestion autonome. Oublier de leur dire « travaille et demain tu seras riche », mais nous allons ensemble œuvrer et nous serons immédiatement riches, car demain c'est si loin pour un être transplanté.

Nous avons entrepris et réussi la création d'une entreprise autogérée par des enfants responsables. Ensemble nous avons appris la qualité de vie au sein des valeurs de la République; ensemble nous avons lutté contre l'individualisme destructeur. Ensemble nous avons vécu les bienfaits immédiats de richesses bien gagnées.

Partenariat avec des multinationales, création de formations innovantes, voyages auto financés, il fallait selon moi provoquer, en chacun de ces enfants, la gestation de souvenirs d'enfance. Le souvenir de temps forts, de moments de joie et de réussite que leur « chez eux » ne pouvait leur offrir et qu'ils pourraient raconter plus tard. Leur offrir un vécu personnel chargé de souvenirs collectivement enrichis.

Convention amicale avec le centre régional de FPA (formation professionnelle adulte) jouissant d'un bel internat, pour permettre à certains adolescents isolés, en déroute, privés de lien familial, de vivre des périodes de stage protégé au quotidien, entourés d'adultes bienveillants, leur évitant la déroute de la vie dans les cages d'escaliers. Expérience d'une extrême richesse pour nos élèves comme pour ces adultes – eux-mêmes en réadaptation sociale –, promus au rang d'éducateurs protecteurs.

Dans le cadre d'Inserforpro – programme européen pour la formation professionnelle – Nous avons travaillé et échangé cinq années durant avec la Grèce, la Suède et la Belgique. Offrant à ces enfants une ouverture sur le monde déjà mondialisé, une rupture de l'enfermement dans leur situation d'immigrés.

Mener à terme, un tel niveau de réalisations et de réussite ne saurait être une œuvre solitaire, et exige des conditions indispensables : une équipe pédagogique efficace et soudée, convaincue et partie prenante de la validité de l'entreprise; une équipe qui n'hésite pas à pousser toujours plus loin les objectifs, dont les membres ont bien peu changé au fil des ans par choix et volonté de réussir ensemble.

Élèves et enseignants discutent, établissent des projets. Sitôt qu'une innovation est décidée à la majorité, il incombe à la direction d'ouvrir tous les champs du possible, d'en assurer la faisabilité sur les plans administratif, financier, sécurité.

Tous les deux ans, une semaine « Portes Ouvertes » offre un projet innovant dans la réalisation duquel, chacune des classes prend une part active. La réalisation en est offerte aux parents, employeurs et officiels de l'Éducation. Les médias s'y pressent, ce qui nous vaut une revue de presse hors normes.

Renforcer par le collectif, le sentiment d'appartenance, de « normalité », développer tout à la fois le sentiment d'identité et de responsabilité à l'autre. Être fier de faire partie de cette équipe, appartenance matérialisée par le Pin's de l'établissement, crée par les élèves et porté par tous.

Dans ce cadre, l'accueil des hôtes de marque est réservé aux jeunes sixièmes, afin de les intégrer le plus rapidement possible au cœur du fonctionnement. C'est une décision réfléchie des délégués de coopérative, responsabilité assumée avec un sérieux touchant.

Cela ne peut empêcher les surprises. Les invités d'honneur, employeurs et collectivités locales, se voient offrir et épingler cérémonieusement, le « Pin's » de la maison; parents et amis doivent l'acheter, nos jeunes trésoriers sont à cheval sur les finances.

Comment oublier la séance où, devant Monsieur le Maire de la commune voisine, notre minuscule hôtesse très sérieuse, me demande à voix haute devant lui, « *Ce Monsieur, c'est un qu'on donne, ou un qu'on vend* ». Ces surprenantes séances font le bonheur de nos invités conquis par la spontanéité enfantine et responsable de nos coopérants.

Un établissement devenu centre de vie, de rencontres, d'épanouissement, de fêtes et de réussite professionnelle. Pas un seul élève n'a quitté son collège sans un diplôme ou un patron pour une formation certifiante.

Un lieu de vie et d'étude où l'on discute, sans crainte de la hiérarchisation du droit à la parole. Je reste frappée par la réflexion, un jour, d'un élève maghrébin : Nous organisions des sessions « vivre dans le pays » de chacun des enfants – treize nationalités dans la structure –; occasion d'étudier l'histoire, la langue, la culture du pays en question; création avec les moyens du bord d'un petit musée et même, une séance culinaire finale; des mamans invitées aux ateliers cuisine, pour concocter avec les élèves, un repas de fête du pays partagés par tous.

À l'occasion de l'année Tunisie, j'avais accroché sur le panneau « administration du pays », ma carte d'identité tunisienne, rédigée en arabe. Très vite je remarquais l'étonnement et les chuchotements des élèves. L'un d'eux enfin, me dit, avec de la stupéfaction dans la voix, ces mots inoubliables : « *On peut vous écrire en arabe*? ». Ces quelques mots m'ont longtemps faite réfléchir à la hiérarchie des valeurs civilisationnelles, dans la tête d'un enfant venu d'ailleurs! Je ne les ai jamais oubliés.

Un établissement dont j'ai ouvertement banni punitions et conseils de discipline, au profit du dialogue permanent, de la mise en situation des enfants comme de l'équipe pédagogique. Un établissement dont le Maire de Taverny disait dans son humour décapant : « *Ce collège, est le seul kibboutz que je connaisse, dirigé par des arabes* » ! [*sic*].

Un lieu de vie où, toujours, les anciens sont revenus présenter leurs réussites, leurs attentes de conseils pour aller plus loin en formation, ou même leur dernier né. Ces années de vie commune nous ont offerts des moments inouïs d'intensité : une revue de presse imposante – disponible encore –, une invitation au Futuroscope de Poitiers, d'un groupe d'élèves en démonstration publique pour leur travail multimédia, et l'invitation d'Apple sur le stand officiel.

Voir mes gamins intimidés, reçus en hôtes de marque dans ce luxueux hôtel ; leur émotion d'avoir une chambre personnelle pour quelques jours ; les retrouver au restaurant, à table, n'osant tendre la main pour saisir leur fourchette ; inoubliable et intense émotion partagée. Les rassurer d'un sourire, d'une plaisanterie, les conforter, leur indiquer d'un clin d'œil le bon geste à imiter ; inoubliable aventure de dépassement de soi. De belles natures qui s'ouvrent au droit à la vie.

Voilà ce que des enfants étiquetés « inadaptés » dans les nomenclatures officielles, peuvent atteindre et réussir, une fois stimulés, respectés, aimés pour eux-mêmes. Pour se retrouver, ces enfants *différents,* ont besoin d'être abordés à l'unité, à l'unicité devrais-je dire.

Aujourd'hui, on confie leurs destinées à des « experts en pédagogie », quand il leur faut des maîtres, des enseignants spécialisés capables, eux, de les suivre à l'unité au collège. On leur ment effrontément, en leur faisant croire que l'égalité des chances, c'est pour eux, tenter de rejoindre l'anonymat grégaire, d'avaler la bouillie générale hors de leur atteinte; C'est une scandaleuse économie de moyens déguisée en œuvre pédagogique de soutien.

Trente années passées en un souffle, en une multitude de souvenirs, d'éclairs de joie ou de peine, dans des yeux d'enfants que l'on a vu prendre enfin une place dans la vie, et auxquels il a suffi de tendre la main.

Après plusieurs passages à la télévision, l'administration nous envoyait une mission d'expert et d'analystes, pour pérenniser cette expérience unique. Conclusion du rapport : Expérience de totale réussite mais non transférable, car exigeant trop de disponibilité du chef d'établissement!

Ce que nous avons réalisé là, nous ne pourrions en aucun cas le refaire aujourd'hui! Les conditions ont tellement changé! Établissant la réglementation excessive en lieu et place de l'esprit d'innovation. Une société contentieuse qui fait du chef d'établissement un gestionnaire juridique de la stricte application des règles, au détriment de la motivation, de la spontanéité créative en pédagogie et de la proximité de l'humain.

Je ne vois plus dans la formation actuelle des chefs d'établissements, cette indispensable dimension d'autonomie responsable, qui me fut donnée à trente ans, lors de ma première nomination.

Des textes et réglementations alourdis, des notions nouvelles de statuts protégés, des conceptions incongrues au titre de la fameuse égalité des chances devenue égalitarisme ruineux pour les marginaux parfois les plus brillants du système.

L'élève enfin, hier enfant intégré à sa communauté naturelle – l'école –, devenu aujourd'hui un pré adulte revendicatif, syndiqué avant l'heure, nanti des droits prépondérants que lui octroient les règlements, sa famille, la société, et la rue. Traitant d'égal à égal parfois dans la violence ou le mépris, avec cet enseignant trop éloigné des valeurs consuméristes de la société du moment, et qui ne le fait plus rêver.

En réfléchissant à ces années pour leur donner du sens et un vécu, je comprends mieux ces pages excessives griffonnées de mon journal personnel pour raconter ma dernière journée à l'Éducation Nationale.

Mercredi 30 août 2000 une nouvelle vie commence, je quitte Sainte Honorine ! « Pire qu'une âme veule, une âme habituée » dit Péguy, mais je n'étais pas habituée, habitée simplement !

J'ai souri et embrassé, je me suis agitée comme toujours pour camoufler et éviter les questions. Puis seule enfin dans la cour de la Segpa, dans les herbes et les orties, j'ai pleuré, sangloté, à perdre mon âme[1].

Comme j'ai envié l'hirondelle qui a piqué du nez dans l'eau du bassin pour rafraîchir sa course ! Tellement plus propriétaire des lieux que moi ! Tellement plus riche que moi ! Riche de l'éternité du temps qui lui appartient en dehors des événements.

Que c'est bon de pleurer ainsi, seule, face à moi-même ! Que suis-je désormais ? Tant d'affection enfantine, tant d'odeurs, de bruits, de larmes et de cris de joie ou de peine montent de cette cour de récréation… Trente ans, trente années d'êtres à reconstruire pas à pas. Tous ces visages tourbillonnent dans mes larmes. Je les vois, je les entends, je les sais, et ils m'aiment aussi, comme ils aiment mes pointes d'ironie amusée à leur égard.

Je vous vois tous autour de moi, enfants d'une année, et je vous aime avec vos mines

1 SEGPA : Sections d'enseignement général et professionnel adapté en collèges. Qui ont aidé bien des jeunes en difficulté à s'insérer définitivement

souvent barbouillées, vos vêtements parfois délabrés, vos odeurs « sonores ». Malgré vos questions brutales, directes et souvent incongrues, auxquelles il fallait – toujours – pour vous rassurer, trouver réponse.

Oui je vous aime comme vous m'avez aimée car notre affection partagée s'appelait « espérance, avenir, confiance »! Adieu les enfants! Quel silence et quelle solitude soudain. Amandine, Fathia, Chaïb, où êtes-vous?

Avec le temps qui passe j'ai conscience que par cette mission humaine poussée à son terme à la force du poignet, j'ai voulu dire merci à la France pour l'honneur d'un État civil rendu à nos grands-parents, et pour ce que je suis devenue. Heureuse de rendre à la France, ce qu'elle nous a offert, à nous juifs tunisiens simples protégés français.

Une question brûlante et nouvelle apparaît pourtant : France, que serons-nous demain, nous juifs français d'aujourd'hui?

Chapitre 24

Adieu les emplois aléatoires où l'on a l'impression de mendier son pain, malgré le lourd investissement à la tâche. Je suis à l'Éducation Nationale, et Raoul conseiller pédagogique.

Nous sommes une famille comme tant d'autres, ou qui se voudrait telle. Nos enfants sont à nous, avec nous, et nous allons vivre avec eux, pour eux, car la chaleur du foyer existe enfin pour nous.

La vie s'organise, la routine s'infiltre et reprend ses droits. Après avoir si longtemps piétiné dans l'obstruction et l'inutile désespoir, il est temps d'avoir à nouveau des rêves d'avenirs.

La réclusion forcée à la conquête d'un statut s'achève, nous ouvrant au besoin d'étancher une soif d'espaces, de découvertes, de fins de frontières. C'est ainsi que nous offrons les premières vacances à notre tribu de trois, cinq et huit ans. C'est le départ pour l'aventure, tant est grand notre besoin d'évasion, d'oubli, de grand large, avec une tente et un matériel de camping des plus sommaires.

Voyages qui ont bien vite pris au-delà de nos attentes, une forme d'exorcisme, d'effacement de ce qui a été, une renaissance vers tous les possibles, qui ont fait de nous ce que nous sommes devenus.

Septième partie

L'appel du large

Chapitre 25

« Voir et voir sur cette terre, comment oublier la leçon ? »

Camus, *Noces*

Aux îles Galápagos, sur la plage, l'œuf à peine éclos, une myriade de minuscules tortues se ruent désespérément vers la mer.

J'ai toujours été fascinée par la migration obsessionnelle de ces petites bêtes, car je partage avec elles ce tropisme de mer…

Sitôt que nous en avons eu les premiers moyens, nos trois jeunes enfants à l'arrière de la voiture, une toile de tente dans le coffre, nous avons roulé, roulé, vers une mer qui nous ressemble.

Et ce fut la Chalcidique !

Je déteste partir, et le moment de lever l'ancre ! J'ai l'impression de détruire délibérément, un équilibre, une sérénité, – une sécurité dirais-je –, en allant vers l'inconnu.

Voilà pourquoi je traîne, je tarde aux préparatifs, je lambine. Mais une fois en route, j'aime que cela dure, s'éternise. J'aime l'interminable route de ces longs voyages. Ce n'est déjà plus, mais ce n'est pas encore. Une petite peur au ventre, et le plaisir de l'inattendu. Puis, tu te laisses aller. L'inverse et l'antidote de la mort physique ou intellectuelle.

Dès 1971 pendant deux décennies, nous avons chaque été, deux mois durant, traversé l'Europe de bout en bout. Pèlerinage annuel qui, par la route, nous en a tant appris sur les hommes et les lieux. C'est au fil de ces décennies décisives, que nous avons vu se déliter les nationalités, et parfois dans de terribles douleurs, se construire l'Europe. Nous avons en vingt ans, « *vu mourir un monde* ».

Des pays encore emmurés de lignes de frontières – de barrières – devrais-je dire, avant l'Europe ouverte. Pays où le sourire d'accueil formel et convenu au touriste tirelire de l'économie actuelle, n'était pas encore de mise. Où les identités exprimaient l'âme d'une nation dans sa vérité, sa nudité, et souvent, sa souffrance. D'un pays à l'autre, nous avons navigué dans des réalités uniques, immédiatement perceptibles dans les rues et les amitiés de rencontres.

Ces routes du voyage-découverte, sont aujourd'hui hors d'atteinte. Paysages et êtres humains libérés des frontières sont tristement uniformisés. Aujourd'hui, le touriste n'est plus qu'un consommateur exhibant en trophée, un palmarès kilométrique large et creux. Consommation sans égard pour l'unicité de l'autre.

Des patrimoines ancestraux livrés à l'invasion destructrice du tourisme de masse.

Envahisseur moderne qui prend à satiété et n'offre rien de ce qu'il est, de ce qu'il a.

Mais prenons la route ! Lors de notre premier passage à la frontière, l'injonction « *papiren* ! » des douaniers allemands, explose à nos oreilles d'enfants juifs de la guerre.

Nous voici en Allemagne. Augsbourg, Munich, Nuremberg… Quel pays tout de même ! On n'a pas l'impression de rouler sur l'autoroute, mais bien de traverser un livre d'Histoire. Curieux ce peuple de créateurs, qui jamais ne ressemble à ses propres créations ; car, tout de même, Haydn, Rilke, Nietzsche, Hölderlin, Heidegger, sont bien allemands et sont mes compagnons de route privilégiés.

Qui sont donc ces Germains qui se rêvent Aryens et ne sont que Teutons ? La radio allemande égrène ces lourdes musiques bavaroises et les flons-flons des valses de Strauss. « J'aime la musique de *Bavarie* » disait l'une de nos amies.

Nous quittons l'Allemagne par Munich-Dachau. En arrivant là, je me demande en baissant les yeux sur des souvenirs meurtris, si c'est une punition pour l'Allemagne qu'un lieu de vie porte réellement ce nom. Simple réalisme, aujourd'hui Dachau n'est que le nom d'une bretelle d'autoroute ! Je déteste passer par là avec des espoirs de vacances et de liberté.

D'une année à l'autre pourtant, le temps passe, efface la meurtrissure de l'histoire, et nous ouvre l'Allemagne au sourire et à l'amitié. Et c'est déjà l'horizon suivant : Salzbourg et l'Autriche!

Ce pays envahi de coteaux du vert le plus tendre, couronnés en leurs sommets de rares et coquettes maisons soignées aux dentelles de bois ciselé, embaumées de fleurs aux couleurs vives. Coteaux eux-mêmes surmontés de crêtes d'un vert somptueux, jusqu'aux sommets les plus élevés du noir le plus dense.

Ce pays où l'eau dévale les pentes en cascades, ce pays de cocagne que l'on ne peut prendre au sérieux, ce pays attirant; comment expliquer, comment comprendre que ce coin de terre, fait pour la douceur de vivre, ses fleurs et ses montagnes de crème fouettée ait pu un jour…

Que ce pays ait pu, engendrer un antisémitisme si primaire et féroce. Et l'on se prend à jouer le jeu, au sourire de ces gretchens aux larges tabliers. Dans ces moments, mon *maguen David* pend à mon cou, comme la cloche d'un bovin des Alpes. Il tente simplement de me rappeler qui je suis.

Malgré moi, ici je contemple l'œuvre de la création, comme celle de la main de l'homme. Elles se marient et se conjuguent dans une harmonie tellement définitive : La couleur, l'odeur, le goût, la forme, tous les sens y sont sollicités en permanence, et maintiennent en soi un état d'exaltation proche du bonheur.

Pour la nuit, nous descendons toujours dans la même maison d'hôtes, noyée dans les sapins et les fleurs pour l'extérieur, dans la fourrure et les boiseries pour l'intérieur.

Au petit-déjeuner, *Frau* Élizabeth est là, active, efficace, silencieuse, enveloppée de sa vaste et longue jupe à fleurs et de son tablier de dentelle. Les jambes enfouies dans de longues socques de laine blanche qui font de ses déplacements un ballet agile et silencieux. *Frau* Élizabeth, son épais chignon blond, ses yeux rieurs et délavés et dont je ne peux m'empêcher tous les ans, de me demander si…

Décidément, l'Autriche je risquerais d'aimer malgré, Waldheim, le suicide de Zweig, l'exode de Schoenberg, Werfel et tant d'autres. Malgré ou en dépit ? Débat épineux.

Ce pays minuscule, nous l'avons quitté pour atteindre le clou du voyage de ces années soixante-dix, le morceau de bravoure. Nous y voilà : « *Socialistijna Federativna Demokratica Republica Jugoslavia* » !

Magnifique message d'accueil à la frontière. Une traversée de mille cinq cents kilomètres de galères multiples. Ce nom pompeux énoncé en cinq lignes sur les panneaux à l'entrée du pays, nous signifie qu'à cette frontière, nous pénétrons sur la terre promise, la terre de l'idéal.

Au travers de mes expériences nombreuses et diverses, j'ai appris que plus l'idéal est avancé avec emphase, plus il traîne dans la boue, entraînant avec lui ses victimes désignées : les purs, les vrais, les idéalistes. Voilà pourquoi je ne me contente plus d'idées toutes faites. J'observe, je décide, j'aime ou je déteste et je fonce !

Les Yougoslaves affairés comme ils l'étaient à édifier le socialisme – dont chacun sait qu'il ne mène à rien élaboré en théorie d'État –, n'ont jamais trouvé le temps de s'occuper de leurs superbes villes de Slovénie au nord du pays. De Maribor à Ljubljana ou Bled on découvre un monde de « Belle au bois dormant », superbes vestiges de l'empire Austro Hongrois. En 1980, rien n'a évolué.

Architecture grandiose et surannée, bâtiments gigantesques aux couleurs d'antan, et, dans ce qui sert de devanture aux boutiques, un spectacle désolant et contradictoire. Le paysage et l'architecture s'imposent à nous dans une grandeur matérielle en dépit des erreurs humaines. On réalise sur place, la fugacité de nos théorisations du réel, leur caractère éphémère, l'absence d'empreinte de ces mêmes théories. La pierre, elle, s'associe au paysage, parle en notre place, et nous sauve du dérisoire.

Nous avons pour une nuit, dormi dans un hôtel ; hier flamboyant, aujourd'hui abandonné et sordide. Au petit-déjeuner un pâle café de pois chiches torréfiés et des tartines épaisses comme des semelles, fleurant l'ail du dîner de la veille. Une inflation atteignant des sommets. Des poignées de grosses coupures pour acheter un simple jus de fruit, quand on en trouve ! Et ces Yougoslaves, du nord, qui essaient tout de même d'avoir de l'humour et de l'honneur, de rire de leur situation, d'entrer en contact pour rester humains.

La Yougoslavie de ces années est une simple route à deux voies, sans autre bas coté, qu'un fossé ; Pas les moindres commodités accessibles ; l'obligation faite de pénétrer dans des villages silencieux, distants, pour faire face aux besoins de la route, et trouver des boutiques aux rayons vides. À l'aurore, des queues interminables pour tenter de trouver un yaourt ou un paquet de pâtes. Dès le lever du soleil, vidées de leur pauvre contenu les boutiques ferment et il faut aller ailleurs pour encore tenter sa chance.

Tous les étés, trois millions de travailleurs germano-turcs rentrent au pays pour les vacances. Un festival de voitures surchargées au-delà de l'imaginaire. Réfrigérateurs, cuisinières, lits, matelas et autres merveilles de la technologie allemande, brinquebalent de façon hasardeuse sur les toits surchargés de voitures qui n'en peuvent mais.

Au gré du conducteur qui tient le volant, les voitures balancent, perdent la direction quand ce n'est pas tout le chargement, bloquant toute la colonne pour des heures. La police survient en hurlant des ordres inutiles, auxquels on ne comprend rien, auxquels on ne peut obéir faute de place pour se rabattre et permettre l'intervention. L'essentiel est de faire profil bas, et de se taire. Le moindre sourire ou murmure est pris pour une provocation.

L'arme fatale de cette route c'est, à tout instant, la contravention ! Payée cash d'autorité en monnaie forte d'alors : le Deutsch Mark. Demander un reçu revient à se faire conduire au poste sur une accusation fantaisiste.

Sur une si longue route, on a tellement de temps à soi pour réfléchir et rêver, que parfois, les débordements déferlent au détour de la route.

Quel pincement se fait au cœur quand, brusquement, sur un sentier de nulle part, dans un pays perdu dans les maïs et l'acacia, se détachent quelques lettres : Sziged[1] dix kilomètres ! Sziged, village de Wiesel que je découvrais il y a si longtemps, en même temps que son peuple de fantômes. Certaines émotions ne se décrivent pas, ne se disent pas, elles sont totales et font que, pour quelques minutes, je n'étais plus moi, rivée à ce panneau. J'étais Sziged repeuplé dans un moi imaginaire.

Là encore je n'ai pas compris. Rencontrant les acteurs de la tragédie d'hier à Sziged, j'ai trouvé les Croates riants et hospitaliers. Des paysans sur des terres riches et odorantes.

1 Sziged ville natale d'Élie Wiesel au nord est de la Roumanie frontière Ukraine.

La culture de la vigne s'y fait en hauteur. À perte de vue comme des cheveux de femmes très fins et frisés, d'un vert tendre, qui tendent vers le ciel des bras frêles et ondulés, et font un paysage fantasmagorique.

Puis, de Belgrade à Nis le communisme a marqué les villes d'un sceau indélébile. Construction cubiques mornes et grises. Tout est laid, triste et délabré. Il nous faut rouler, rouler, sans détour pour affronter enfin le rude Kosovo. La partie délicate du périple annuel : Skopje, des nuées d'enfants agressifs, abandonnés à la rue qui se vengent en arrosant les voitures de jets de pierres.

Malgré ou en dépit du communisme imposé après la guerre et de l'extrême pauvreté généralisée, au fil de ces traversées, la Yougoslavie des années quatre-vingt est une juxtaposition claire d'ethnies différenciées, contradictoires et parfois ennemies. Différenciées par la mémoire historique, le passé atavique, culturel, religieux. L'éclatement qui s'en est suivi n'est qu'un retour aux réalités ancestrales.

Au fil des ans, malgré les conditions matérielles, les rencontres se font chaleureuses, amicales. Plus d'une fois nous est comptée l'anecdote fataliste et éculée, de la visite du maréchal Tito dans une école :

– « Heureuse petite fille qui a la Yougoslavie pour maman et Tito pour papa ! Que voudrais-tu pour plus tard ? »

– « Devenir orpheline mon général! » Cent fois racontée, la chute se termine par d'immenses éclats de rire.

Autre réalité quotidienne, les Yougoslaves sont des amateurs fous de café. Denrée de luxe, inexistante ces années-là sur le territoire. Il est même interdit aux touristes yougoslaves – nombreux en Grèce – d'en importer dans leurs bagages. L'amitié aidant, il nous revient tous les ans de retour de vacances, le coffre surchargé de paquets de café, de faire la tournée des foyers amis pour une précieuse livraison. Joie partagée de retrouvailles, émouvantes par leur dignité camouflant le dénuement.

Longues virées qui nous mènent parfois en montagne ou le long de la côte Dalmate. Cette distribution nous a appris la Yougoslavie de l'intérieur, à l'architecture triste, lugubre et sans espoir. Elle nous a aussi permis de rencontrer sur une côte d'une lumineuse beauté, des Yougoslaves fatalistes et méditerranéens. D'une année à l'autre, le bonheur est partout renouvelé, dans une fraîcheur de premier recommencement.

La route socialiste se termine, et nous voilà enfin aux limites de la Macédoine! Épuisés par cette longue et triste route, les enfants sont sur le toit de la voiture pour hurler leur joie à la vue du panneau frontière : Guevguelija, la Grèce, enfin!

Chapitre 26

« Soumets-toi à la langue du peuple, et, si tu es assez fort, conquiers là ! »

Dionysos Solomos, *Hymne à la liberté*

En 1971 nous décidons de ce voyage pour la première fois, et sommes aussitôt assaillis de regards et propos désapprobateurs. « Qu'allez vous faire là-bas avec les colonels et la dictature » ? Certes les colonels, mais n'oublions pas le peuple, la démocratie, en un mot : la Grèce !

La Grèce, mais aussi, l'espoir de rencontrer à Salonique les membres de la communauté juive des descendants de l'Inquisition d'Espagne en 1492, décimés par la déportation.

Enfermés depuis plus de vingt-cinq heures dans l'habitacle de la voiture sur les routes d'Europe, nous sommes aux portes de Salonique. En franchissant ces frontières pour la première fois, nous ne nous doutions pas un instant, de ce que la Grèce serait définitivement pour nous, de ce que la Grèce ferait de nous.

Nous voilà à Nea Phokea, préambule de la Chalcidique. Quelques kilomètres plus loin, le camping espéré est en bordure de mer.

Ouvert depuis quelques jours à peine, il est en travaux de finitions.

Une mer du temps d'avant que l'homme ne l'investisse. Une crique en demi-cercle, comme protégée par de hautes collines boisées. Un silence surprenant, éclaboussé de lumière et de soleil. Peu ou pas de clients en dehors de rares couples allemands.

Nous ne détonnons pas avec nos trois très jeunes enfants et notre équipement des plus sommaires. À l'entrée, nous sommes accueillis par un homme affable, en un français approximatif largement parsemé d'idiotismes grecs. Il avoue son bonheur de rencontrer enfin, des compatriotes de Rousseau et de la Révolution. Entrée en matière surprenante, qui n'est que le début d'une longue, immense, et indélébile fraternité.

Aleko ! Car il s'agit de lui, directeur de camping ubuesque en raison d'un déclassement dont nous apprendrons tous les cheminements dans cette Grèce de la violence, du silence, et de l'usurpation : « la Grèce des colonels ». Philosophe, poète, archéologue, grand bourgeois, camouflant sous un humour amer son profond désespoir ; injustement dépossédé de tous ses biens, il tente de surnager dans ce monde de vacanciers, si loin de son univers de l'âme, de l'écriture et de l'émotion.

Aleko ! Un Grec qui nous a appris la Grèce, un ami qui nous a appris l'amitié !

Rapidement nos rencontres au bar du camping s'éternisent de longues nuits. Dès les premiers jours, nos discussions s'entrelacent, s'enroulent, se complètent et s'enrichissent. Nous nous apprenons tant mutuellement. Nos recherches de richesse humaine se confondent totalement. Le hasard a bien fait les choses et ce lieu nous était destiné.

En bordure du terrain de camping, une rangée de modestes bungalows. Pour la durée de l'été, fuyant la canicule de Salonique, des femmes et leurs enfants sont là, rejoints en fin de semaine, par les chefs de famille de Salonique ; voilà Sani des années soixante-dix.

Tous se connaissent et appartiennent aux mêmes sphères. Ils ne se retrouvent pas ici par hasard. Tout ce petit monde, partage avec Aleko une connivence respectueuse. Contrairement à Salonique, où la question la plus anodine obtient pour toute réponse, un regard circulaire inquiet, un doigt sur la bouche à la recherche d'oreilles indiscrètes, l'éloignement et l'enfermement du camping semblent faire oublier la délation et les colonels.

Nous sommes rapidement admis dans le cénacle de ces longues discussions passionnées qui nous en apprennent tant et tant sur ce qui se vit dans le pays. Par le plus grand des hasards nous sommes en fait, arrivés dans le fief des amis et soutiens de Lambrakis, le fameux député assassiné du film Z. Ces inconnus d'hier nous deviennent rapidement des frères de pensée et de révolte. Ils sont ingénieurs, polytechniciens, professeurs de théâtre antique, archéologues, hommes et femmes de culture et de convictions.

Par eux, nous apprendrons tout et même, en quelques années, l'indispensable et superbe langue grecque pour pouvoir échanger vraiment. Totalement intégrés, nous sommes revenus sur cette terre, patrie d'amitié, durant deux décennies pour des séjours annuels de deux mois. Nos enfants y ont grandi, et y sont chez eux. En vingt ans, nous y avons vécu le passage d'un pays baigné d'identité millénaire, au dur chemin de la mondialisation. Mais on ne peut faire l'économie du récit de cette aventure tellement hors du temps.

Nuits secrètes, une fois le camping endormi, réfugiés sur la plage pour chanter à voix basse pour n'être pas entendus, les cris de lutte de Theodorakis férocement interdit, accompagnés d'un simple harmonica.

Theodorakis, celui des musiques du 18 novembre, de la révolte des étudiants de l'école Polytechnique. Celui des poèmes de Panagoulis poète résistant, l'esprit même de la révolte contre les colonels « *aujourd'hui la Grèce, flamme éteinte qui s'obstine à brûler* ». Poète torturé, trois fois échappé, emprisonné dans une cellule construite à son intention à deux mètres sous terre, et survivant !

L'ami et le soutien d'Elefteros torturé puis exilé sur une île insalubre, qui lui, n'a pas survécu « *où est parti celui qui sait parler, et qui, encore plus, sait croire* ». Theodorakis en a fait des poèmes chantés qui galvanisent la volonté de rester humain.

Theodorakis, c'est aussi, le jour de la brusque chute des colonels, surgis de nulle part, ces milliers de disques « *A mon frère mort* » dans toutes les vitrines de Salonique, pour symboliser la fin du cauchemar, et le réveil de la Grèce. Et nous, hurlant notre joie dans les rues de la ville. Il est l'onde musicale du folklore grec, l'auteur de ces refrains que l'on murmure en chœur dans les tavernes au fond de la nuit, après l'ouzo mélancolique et le départ des touristes.

Admirable compositeur de Mauthausen, lui, le Pontos, l'ami traditionnel des juifs, jusqu'à son expulsion vers la France bobo gaucho et antisémite des années 75. Ces idéalistes gauchisants, qui par leurs interventions ont obtenu sa libération, ont fait du tendre « Pontos » philosémite par tradition séculaire, un pur militant du cru, adepte convaincu des grandes nouvelles causes victimaires de l'époque.

Lui qui sait tout de la violence gratuite et mortifère, – il est aussi et surtout, – celui qui a commis et répétés, des écrits et des paroles d'un antisémitisme assumé, virulent, véritable appel au meurtre : « *aujourd'hui nous pouvons dire que ce petit peuple est à la racine du mal* [2] ». En 2011, allant plus ouvertement dans sa haine devenue viscérale, il affirme : « *oui je suis antisémite et antisioniste* ».

Cette aversion hystérique soudaine et destructrice, venant d'un créateur d'une telle sensibilité pour la cause de son peuple, ne me bouleverse pas, elle me fracasse. Avec un sentiment coupable, au quotidien, je ne peux pourtant, m'interdire de l'écouter, de le chanter, de le revivre dans son œuvre première.

Quand il écrit et chante :

« *Le père en déportation,*
la maison orpheline,
Pleurent les arbres et les oiseaux,
Pris dans les barbelés de la violence
Et sevré de caresses,
Notre cœur ne renonce pas
Et toi peuple oublieux,
N'oublie pas les camps »

L'a-t-il écrit pour lui, pour moi ? Pour son peuple ? Pour le mien ? Peut-on, doit-on, assimiler le créateur à son œuvre ? Cette œuvre n'a-t-elle pas le droit, une fois offerte au public et investie par lui, de vivre et de vibrer pour et par elle-même ? Cruel dilemme, dont, je le sais, je ne sortirai pas.

---

2. Theodorakis autobiographie. Propos tenus en public et relayés le 14/ 11 /2003 par Libération

Des nuits intenses, où nous avons connu la peur de savoir et le savoir de la peur. Mais il nous fallait le vivre pour ensuite, partager, témoigner, et le dire à l'extérieur. Pourtant, en ces lieux, tout n'était pas détresse et violence. Tant de beauté offerte dès le point du jour.

Chalcidique ! Ce doigt de terre pointé vers le large, entouré d'une palette de couleurs, déclinaison de ciel de mer. Azur à Possidi, turquoise à Hanioti, aigue-marine à Nikiti, irréelle à Loutraki voilà les mers de Halkidiki.

Nous avons pour demeure le même olivier centenaire, à quelques mètres de la plage, « l'olivier des Français ». La vie est là sous ses branches, et la mer étale sous les yeux. Dès les premiers rayons de soleil, sur l'eau, sous l'eau, dans l'eau.

Journées de soleil et d'abandon sur des plages nôtres et désertes. Thalis – a-t-on idée de s'appeler Thalès quand on est polytechnicien –, nous lit de sa belle diction des poèmes de Cavafy. Certes, nous ne comprenons pas tout, malgré les tentatives de traduction. Mais la musique des mots en ces lieux précis fait partie du rêve en voyage.

Escalade de l'Olympe par les sentiers muletiers, accompagnés de notre ribambelle d'enfants franco-helléniques. Leur équipement laisse fort à désirer pour une si longue route mais le mystère à entrevoir au sommet de l'Olympe les attire. Nous jouons de leur inquiétude : « on verra Zeus en haut ? ». Après une nuit passée au sommet dans des conditions héroïques, c'est la redescente et les larmes du petit Cléon de six ans « *Pourquoi sommes-nous montés, si c'est pour redescendre ?* ».

Privilège d'être parmi les premiers visiteurs du fabuleux trésor du roi Philippe père d'Alexandre le Grand, tout juste révélé à Vergina.

Découverte en longues journées de marche dans la pierraille, le soleil et le dénuement de l'île de Samothrace. Île nue, sauvage, hostile et déserte. Pourquoi nos amis nous ont-ils conduits là ? Avec eux, nous savons qu'il y aura toujours une découverte de dimension humaine, et nous l'avons !

Au bout de quelques jours de marche, nous atteignons le sommet d'une hauteur abrupte ; découverte émerveillée : une fragile cascade s'écoule sur le versant ; à nos pieds, une crique enfermée dans la roche, grand ouverte sur la mer. Et l'on s'entend dire : « *amis français, c'est là que la Victoire de Samothrace serait heureuse de retrouver sa liberté et la mer, car c'est sa place* ! ». Nous restons cois. On ne pourrait imaginer mariage plus somptueux de la pierre, de la nature et de la main de l'homme.

Voilà quelques-unes des leçons de la Grèce, du temps de son identité glorieuse. Il y en a eu tant d'autres mais passons.

Pour alimenter nos oiseaux, il nous faut tous les soirs, nous rendre au village. Nea Phokea ville antique des conquérants hellènes en Méditerranée, fondateurs de Phocée-Marseille ! Aujourd'hui village microscopique, qui se résume à quelques ruelles, un promontoire surmonté de l'inévitable tour vénitienne, et, en avancée sur la mer, la taverne de Nikos.

Nikos, autre personnage incontournable.

Nikos est « Pontos », ces Grecs d'Asie Mineure descendants des compagnons de route d'Alexandre le Grand, chassés de Turquie en 1923, ruinés et dépouillés. On les dit « Pontos » (du Pont Euxin) par dérision. Les Pontos sont les Belges de la Grèce. Histoires drôles et méprisantes sont leur quotidien. Conscients de leur image biaisée, ils sont fiers d'avoir donné au monde l'hellénisme et le grand Alexandre.

Ils ont redonné vie sur leurs emplacements d'origine, à des villages disparus depuis des siècles, aux noms précédés désormais, du « *néa* » de la résurrection. Les Pontos, souvent moqués pour leurs rythmes orientaux « *Anatoliki* », et leur notion approximative du temps, sont les authentiques régénérateurs de l'identité macédonienne de la Grèce du Nord.

Ah Nikos ! Probablement l'un des derniers survivant, des combattants idéalistes des montagnes. Nikos, le socialiste convaincu qui le clame et l'affirme sans peur ; une inépuisable cigarette au coin des lèvres même pour parler – très vite, en avalant les mots – ou pour préparer ses brochettes. Un homme du peuple, un homme à poigne qui ne redoute pas l'affrontement et les colères hurleuses. Un grand cœur enrobant un homme taillé à la barre à mine.

Tous les soirs au milieu de la nuit, à l'intérieur de sa taverne, venus de Salonique, les étudiants socialistes sont réunis. Ils discutent, fument, élaborent des projets de résistance et de lutte, consomment et laissent leur écot sur le comptoir en s'égaillant furtivement. Pour eux c'est table ouverte dans une taverne close.

Les soirs de « *bouzouki* », la Taverne est bondée. De tous les coins de la presqu'île on vient en famille, manger, boire, chanter ; et surtout après la boisson, danser le *Zeibekiko*, cette danse d'hommes solitaires murés dans l'ivresse de l'ouzo. Enfermé dans son repli cuisine, Nikos hurle, court, vérifie les plats, transpire à grosses gouttes entre deux lampées de bière devant les lourdes flammes du foyer ; il veille au plaisir de chacun. Nikos travaille et ne danse pas malgré la réputation de fin danseur qui lui est faite.

Ce soir pourtant, la musique est porteuse, le bouzouki fait des miracles. Brusquement, Nikos quitte ses fourneaux, et se retrouve face aux musiciens. Emporté par une soudaine et violente mélancolie « *anatolique* », il s'élance, comme on s'envole sur la piste. Cigarette au coin des lèvres, oubliant sa taverne, ses clients en attente, le voilà enfermé en lui-même dans un mouvement suspendu, immobile. Ce soir Nikos danse ! Les assiettes volent en pluie et s'écrasent sur la piste.

Quand je dis à son frère Vassilis, « *Nikos ressemble à Zorba* », dans un clignement d'yeux amusés, il me répond : « *Non* ! *Pauvre Zorba, des fois, il ressemble à Nikos* » *!* Et c'est tellement vrai.

Le 27 juillet, fermeture de sa taverne. Nous sommes tous les ans, prévenus dix jours avant que « *l'événement* » va se renouveler : l'anniversaire de Nikos ! Le soir venu, nous sommes là, son aréopage intime. C'est le début d'une longue nuit. Accompagné de son bouzouki préféré, Nikos prend la tête du cortège. Dans le village voisin une magnifique taverne, toujours la même.

Tous les ans en nous voyant arriver, le patron se lamente en un dialogue surréaliste :

– « Nikos pourquoi encore chez moi ; il y a tant d'autres tavernes plus belles ici ! ».

– « Tais-toi répond Nikos. C'est un honneur que je te fais pour mon anniversaire. Tu sais que je payerai tout. »

Toute la nuit Nikos boit, Nikos danse. Le bouzouki a les doigts en sang, mais il est lui aussi, dans la célébration, il joue. Sur les tables Nikos danse à en perdre le souffle. Il n'est plus avec nous il est enfermé dans son *rebetiko* sauvage intérieur. Les énormes piles d'assiettes cassées en son honneur, volent en tous sens.

Nikos danse pour exprimer enfin ce qu'il garde pour lui à longueur d'année par fierté par « virilité byzantine ». Une fois l'an Nikos, exorcise.

Comment en sommes-nous arrivés à partager cette proximité de fraternité absolue avec cet homme authentique personnage de roman ? 1974 c'est la guerre de Chypre. Violente et soudaine explosion. En Grèce du nord proche de la frontière turque c'est la panique. Les Turcs vont venir semer la désolation, douloureux souvenir de la période d'occupation ottomane.

Au camping les Allemands toujours organisés, sont aussitôt contactés par leur ambassade de Salonique. Ordre du gouvernement allemand : plier bagages et quitter la Grèce immédiatement. En bons français à la recherche d'un renseignement officiel, nous n'en trouvons aucun. Nous décidons alors de rester, malgré les supplications d'Aleko « partez avec les enfants ». Le soir à la taverne, la jeune femme de Nikos seule avec ses deux petits garçons est en larmes : Nikos comme nombre d'hommes est parti, réquisitionné par l'armée, elle ne peut tout gérer seule.

Émus par ses craintes, nous allons avec les enfants, tous les après-midi lui donner un sérieux coup de mains, aux pluches et à la mise en place de la taverne pour les clients du soir. À son retour de l'armée, Nikos que nous connaissions à peine, est devenu frère de sang et le demeure à jamais.

Par lui nous avons tout appris du *réibétiko*, du peuple, de sa musique refuge, et des tavernes. Tsitsanis, Bambakaris, et tant d'autres. Sous sa direction attentive, il nous fallait veiller à en choisir les meilleurs interprètes, dans les minuscules échoppes des villages. Un jour, nous tendant un disque : Voilà ce que vous devez connaître : « Romiossini » de Yannis Rítsos ! Dédicacé en français « *avec d'amour, Nikos* ». Ce fameux poème d'une rare et intense subtilité, transmettant la spiritualité de l'âme grecque. Jamais Nikos ne finit de nous émouvoir, de nous étonner, de nous apprendre sa vérité, son combat, son peuple.

Venu nous rendre visite à Paris, son premier grand voyage, nous avons avec lui, tout visité, admiré. Son grand moment de découverte restera… l'immense cafétéria de Carrefour ! Après avoir déjeuné, poussé par son indescriptible enthousiasme, il se lève, et déclare « *je suis heureux*, je *dois danser* ». Connaissant sa capacité de passage à l'acte, nous lui disons fermement que c'est impossible. La chute vaut d'être entendue : « *C'est quoi ce pays, où je n'ai pas le droit de dire à tous, que c'est beau, que je suis heureux, et que je veux le montrer ? Je rentre chez moi !* ». Tout Nikos est là, un coup de tonnerre comme nous les aimons.

Les années soixante-dix furent bouleversées, voire définitives pour l'histoire et le devenir de la Grèce : De l'assassinat de Lambrakis, à la dictature des colonels, la guerre de Chypre, le tremblement de terre de Salonique et, pour clore ces années terribles, le traité d'adhésion à la Communauté Économique Européennes. En une simple signature, la Grèce passe de l'Hellade à l'Europe.

Le pays est divisé. Pour Athènes, faire partie de la communauté européenne, fut une volonté farouche. Il en va tout autrement des provinces du Nord : Démunies, oubliées et vivant, par manque d'infrastructures d'un pauvre tourisme de passage, ne laissant aucun bénéfice à l'économie locale.

Coincées à l'ouest entre l'Albanie si proche de l'Épire, et à l'Est de la Turquie haineuse et conquérante, qui dévore le territoire par lentes vagues migratoires, ces provinces sont livrées à leur sort. Le long de la frontière mitoyenne, les villes autrefois florissantes et en majorité juives, siège des riches planteurs de tabac pour les grandes firmes de cigarettes américaines, – comme Xanthi la perle du nord –, ont été vidées de leurs habitants exterminés en Allemagne. Par vagues progressives, les clandestins turcs s'y installent avec leurs forêts de minarets sur plus de quarante kilomètres à l'intérieur de terres grecques, au désespoir des derniers habitants autochtones, et dans un total désintérêt d'Athènes.

Doute et refus s'ensuivent, quant à la volonté de l'Europe de les accueillir vraiment alors qu'ils ne sont pas tout à fait reconnus sur leur propre sol.

Autre problème majeur dans ce nord aux superbes côtes vierges : la terre n'étant pas cessible en Grèce, c'est une protection radicale du patrimoine. Onassis lui-même n'a qu'un bail emphytéotique sur son île. L'entrée en Europe signifie l'accession à la propriété pour les étrangers. Craintes justifiées par les barbelés encerclant de futures cessions tout le long des plages paradisiaques de Chalcidique apparues en masse, avant le moindre accord. Réservations un brin colonisatrices, précoces et abusives, allemandes et russes pour la plupart.

L'entrée dans la communauté européenne a été vécue ici, comme une souffrance, une perte certaine d'identité, d'autonomie.

Les années ont passé. Le résultat est là, sans appel : une Grèce encombrante pour l'Europe. La Chalcidique défigurée, méconnaissable, bétonnée à l'extrême, ravagée par un tourisme industriel sans âme, qui vient prendre et ne laisse que ses reliefs. Comment y conserver la moindre trace de fondements, d'identité, de permanence ?

En concluant ces pages je me suis posé la question : Que faisions-nous en Grèce ? Pourquoi eux ? Pourquoi nous ? Comment nos destins se sont-ils à ce point liés.

Arrivés par hasard, au cœur d'une minorité marginalisée sur sa propre terre au pire moment de son vécu, cela nous a confrontés à nos propres réalités.

Des êtres vibrants, luttant pour le respect de leur identité historique, géographique voire politique. En Macédoine, ces années furent, il est vrai, d'une si rare concentration de haines de violences, de résistance et de négation. Combats argumentés dans cette belle langue millénaire, rappelant l'assise et la profondeur de cette culture.

Simples résonances de notre propre vécu ? Nous avions, sans doute inconsciemment, vécu là, une réelle identification à nos propres doutes, nos propres recherches, d'une permanence, d'un lieu ; nous, juifs de France, boutés hors de notre terre des origines, la Tunisie.

Sans la moindre analyse, nous avons spontanément parlé et compris le même langage, éprouvé les mêmes manques les mêmes rêves d'avenir accompli.

Étonnante complicité permanente, que résume un passage d'une lettre reçue d'Aleko venu avec Nikos nous rendre visite en France : « *avec les Sberro j'ai trouvé mon image. Je pourrais dire les Sberro sont Grecs ou, je suis français. Ce serait mieux de dire : les Sberro sont méditerranéens, Tunisiens, Israéliens, et je suis le même avec eux* ».

Résultat de ces pérégrinations, aujourd'hui, nos enfants vivent en France, se pensent grecs pour une part d'eux-mêmes, et découvrent sur le tard leur immense et chaleureuse famille en Israël. Famille d'hybrides ai-je dit ?

Dans une France qui à nouveau fait trembler les parcours, je me pose la question : en allant sur les routes à la rencontre de vraies vies, ne sommes-nous pas passés à côté de la nôtre ?

Dans cette France qui se cherche, où nous ne sommes plus qu'une « minorité visible », qui nous ramène aux démons de la Tunisie décolonisée ; il nous faut à nouveau, apprendre à nos petits, pour les mettre à l'abri de la violence, à ne jamais se dévoiler « juif », à ne pas être, à ne pas dire, à ne pas… Leur apprendre enfin à se nier pour exister.

À ce jour, en y réfléchissant, pour nous, le voyage définitif vers Israël n'était-il pas la seule, la véritable et unique solution raisonnable, pour éviter à nouveau ce choix : la haine, la route ou la marranisation, tels les juifs d'Espagne sous l'Inquisition ; la peur des agressions et des rejets, l'assimilation au monde environnant par crainte et non par choix. Ces sentiments qui peuvent faire de nous, des juifs honteux et cachés, des citoyens de seconde zone.

Chapitre 27

On est seulement ce qu'on finit par créer et représenter, au-delà de soi-même.

Jean Duvignaud

In Memoriam Salonique

Je ne peux refermer ces pages grecques sans réserver une place particulière, à notre rencontre avec les survivants de la glorieuse communauté juive décimée par les déportations.

Nous avions choisi le nord de la Grèce avec l'espoir de rencontrer à Salonique les membres de cette communauté vieille de quatre siècles d'histoire, et parlant le castillan de la même époque.

Après bien des demandes à nos amis, les réponses restent vagues : Certes, il y a encore des juifs à Salonique, mais on ne les connaît pas, on ne les voit pas ; ils ne montrent pas qu'ils le sont, surtout depuis les Colonels, ils ont peur que cela recommence avec la dictature très antisémite.

Un petit groupe discret, fermé revient tous les week-ends sur la plage du camping. On nous le laisse entendre : « On pense qu'ils sont *Ebrei (hébreux)*, ils ne le disent pas, ils ont peur, mais ils le sont sans doute ». Difficile d'entrer en relation, sourires où saluts, appels à voix haute de nos enfants par leurs prénoms hébraïques, restent sans résonance

Avec force précautions, nous allons à leur rencontre, manifestant de façon visible et sans paroles, notre propre appartenance. Les tentatives sont enfin acceptées après bien des efforts. Nous retrouvons ces frères qui font tout, pour effacer leur réelle identité. Intégrés-fondus dans la société environnante. Juif ? On chuchote que oui d'un mouvement de tête plutôt que par la parole.

Découverte d'une communauté moribonde, réduite à néant sur les cinquante mille résidents de Salonique. Une communauté dont les noms prestigieux prêtent encore au rêve : Carrasso, Perahia, Abravanel, Allatini, et tant d'autres. Les survivants sont dispersés aux États-Unis ou en Israël.

Vingt cinq ans après la fin de la Shoah, moins de mille d'entre eux sont revenus « chez eux », à Salonique. Maisons, commerces, propriétés, tout est raflé, tout a changé de propriétaires sans le moindre retour possible. Mais l'essentiel nous disent-ils est d'en être revenus pour persister, pour témoigner.

Le gouvernement grec fait preuve d'une grande intelligence humaine devant la débâcle : les propriétés non encore détournées par les autochtones, sont attribuées en bloc aux survivants sans chercher à retrouver les véritables propriétaires partis en fumée. Les « réparations allemandes » sont mises en commun pour reconstruire un futur possible. Un centre ouvre ses portes dans une rue commerçante.

Au fil de journées anonymes et craintives, partagées sur des terrasses de café, la confiance s'installe, nous entrons enfin dans des familles. Les personnes âgées parlent le castillan ou un français, précieux et suranné, à l'accent chantant et aux « r » exagérément appuyées, vestige de l'enseignement des écoles de l'Alliance. Elles font montre d'une politesse d'une toute autre époque, restes d'appartenance ancienne à des temps meilleurs.

D'une année à l'autre les toiles d'une amitié chaleureuse et familiale se tissent. La fameuse librairie française « Molho » est de plus en plus souvent le siège de nos pérégrinations. On y trouve de véritables trésors de la langue française totalement oubliées de nos bibliothèques.

Après bien des demandes, Michael Molho me tend un jour, les sept volumes tant espérés, de *L'Histoire des israélites de Salonique* depuis les origines, écrits par Joseph Nehama, dans une édition de 1935 corrigée et annotée de la main même de l'auteur.

Édition épuisée et précieuse. C'est le seul vestige historique de cette histoire, rédigé avant la destruction, à partir des documents authentiques, que les juifs ont sauvé en fuyant l'Espagne. Toutes ces archives ont été brûlées ou transférées en Allemagne par les Nazis.

Thalis nous raconte que, étant jeune enfant, il assistait sur le pas de sa porte à Salonique, au départ de « *ces pauvres gens, des femmes, des enfants, des vieillards, en rang, entourés de soldats allemands, effrayants, armés. J'étais horrifié et ému, quand un homme en passant près de moi, m'a rapidement jeté dans les bras un gros livre ; tiens petit c'est pour toi, moi je n'en n'ai plus besoin. C'était une magnifique collection de timbre, qui m'a marqué pour toujours.* »

Pour faire refleurir la communauté les jeunes gens vont en Israël à la recherche d'épouses qui acceptent de relever le défi : revivre une vie heureuse sur les lieux de l'horreur effacée. Nous découvrons ainsi chaque année les nouveaux couples, les nouveaux espoirs de reconstruction.

En 74, un livre est écrit *In Memoriam*, sur le récit de l'horreur ; témoignage bouleversant, mais résilient et reconstructeur pour traverser le passé. On en parle enfin !

Pour à nouveau célébrer les fêtes dans les familles, une nouvelle et émouvante « *haggadah* » – récit de la sortie d'Égypte – est réalisée à partir de pages récupérées de livres brûlés par les Allemands. On y retrouve des morceaux de pages illustrées de la haggadah d'Avignon, ou celles, sublimes copies de la fameuse « *Haggadah de Sarajevo* ». Ce témoignage qu'ils nous ont confié, est chez nous tous les ans, sur la table de Pâques.

Nous y découvrons en prologue, la liste des cinquante-deux synagogues, écoles et communautés qui peuplaient la ville. Pour chacune d'entre elles, les noms des familles qui les composaient. Elles ont pour noms les origines de la communauté représentée.

Certains noms nous font voyager dans ce regroupement des égarés : Mayorca, Lisbonne, Aragon, Castille, Portugal, réfugiés d'Espagne, Catalane, Sicilia, Calabria, Pouilles, etc.

Ces pages fournies, laissent deviner la richesse, la pluralité, le foisonnement de vie qui régnait dans la ville. La synagogue est aujourd'hui – en soixante-dix –, déserte ; la vie juive désarticulée. Là encore, des nuits de discussions, d'échanges entre nous, tout au long des années de rencontres.

Faut-il recréer une communauté juive ? Pourquoi ? Ne vaut-il pas mieux se fondre, oublier ? Mais la leçon de l'histoire est plus forte : Vivre c'est résister et témoigner. Témoigner ! Une vocation que nous ne pouvons fuir

Nous les avons vus peu à peu redresser la tête, reconstruire, reprendre le chemin de la renaissance, en refusant le terme de simple « survie ».

À Salonique aujourd'hui la communauté reconstituée, reconstruite est à nouveau florissante, grouillante de vie ; c'est un détour obligatoire pour toute visite du nord de la Grèce. La ville juive vit à nouveau au grand jour, une ère de libre choix, dans un contexte totalement renouvelé. Une communauté juive à nouveau vibrante, reconnue, joyeuse et constructive.

Salonique reste pour moi, l'exemple même de l'amour de la vie, insufflé à ces enfants de déportés dont les parents hurlent avant de disparaître : « Va-t'en », « Cours sans te retourner », « Existe ! » Cette foule d'enfants martyrs n'a laissé aucune place à la détestation, à l'humiliation destructrice, transmises de père en fils dans d'autres sociétés.

De Salonique ou bien d'ailleurs, ces enfants juifs survivants, eux-mêmes déportés dans le monde de l'horreur ont tant donné à la vie : Élie Wiesel, Samuel Pisar, Bruno Bettelheim, le Grand Rabbin Lau, les Dr Buzyn et Cyrulnic, Simone Weill et Marceline Loridan, sans oublier par-delà la mort, Anne Frank ou Etty Hillesum.

Oubliant la détresse, l'horreur et l'abandon, tous ont offert à l'humanité, sans haine ni volonté de vengeance, le droit, la justice, le progrès, la paix. Nos longues discussions à Salonique avec une communauté en recherche d'elle-même ont conforté notre propre questionnement quant au particularisme et à l'identité du destin juif.

Retour aux sources
Sousse dernière…

Chapitre 28

> *« Quand tu prendras le chemin vers Ithaque, souhaite que dure le voyage, qu'il soit plein d'aventures et d'enseignements. »*
>
> C. Cavafy, *Ithaque*

Le cercle se referme, un jour enfin, il fallut s'y résoudre.

L'association Hadrumète – nom latin de la ville de Sousse – organise un voyage mémoriel de juifs exilés de la ville. Je rêve à l'idée de revoir mon lieu et mes souvenirs, mais n'avais-je pas, définitivement, tiré un trait ?

Sousse, non je n'irai pas ! Pourquoi ce refus si catégorique ? La peur sans doute, d'être submergée par les souvenirs, ou déçue par un vécu devenu au fil des ans, espace rêvé et probablement sublimé par une subjective affectivité.

Soixante ans d'absence : Sousse, sa plage et son avenue, *l'Avenue* ! Riche des déambulations d'une foule jeune bruyante et joyeuse. Que d'unions et de projets d'avenir se sont forgés là.

Acculée par mes enfants qui ne comprennent pas ce refus obsessionnel, je me laisse enfin convaincre. Me voilà dans l'avion, en direction de mon récit des origines. Dès le point de départ, sur le quai, des retrouvailles inattendues et chaleureuses ; des camarades de classe et de plage, totalement perdus de vue depuis si longtemps dans la dispersion généralisée.

Nous sommes à Monastir. À la sortie de l'avion, couleurs, odeurs, sonorités, voix et accents, m'assaillent, m'envahissent, me submergent ; violente perception d'une réalité familière, ressurgie. Curieuse sensation d'être à la fois, perdue et retrouvée.

L'autobus roule et couvre les kilomètres de la mémoire réveillée. À chaque détour de route, un hurlement : « *c'est là ! C'était chez moi, c'est là que mon père, là ! C'était la librairie de la rentrée scolaire.* » Un brûlot de mots désordonnés, incandescents, de toutes ces mémoires endormies, enflammées par les tours de roues d'un bus touristique, au chargement par moment hystérique.

Chacun veut raconter, prendre les autres pour témoins. Souvenirs d'une enfance colorée, ensoleillée, heureuse, si loin des violents partages et dissensions d'aujourd'hui. Dans toutes ces envolées illuminées d'éclats de rire et de larmes, il y a l'éclaboussure magique d'une réminiscence qui explose dans une mémoire collective. Curieux voyage dans le temps et dans l'espace, où le passé partagé étaye, éclaire et éblouit le présent.

Au fil des jours, la reconstruction se fait peu à peu, en coagulant les évocations bruyantes. Elles s'ajoutent, s'enrichissent, se mutualisent et reconstruisent par bribes, un passé devenu virtuel. Toute notre ville juive est bien là au centre de Sousse, mais tout est à l'abandon. Les maisons au crépi défraîchi semblent vouloir effacer un reste de mémoire. Au centre de la place le Monoprix est muré, sinistre découverte.

J'ai refait les différents parcours de l'écolière vers le collège, attendant des chemins de l'enfance une reconstruction innocente. Me voilà rendue. Vision fantasmagorique. Rien n'a changé, le préau, le grand escalier menant aux classes. Errant dans la cour émue aux larmes, un adorable proviseur me permet de déambuler partout. Dans son bureau il a ressorti de très anciens albums ou je retrouve enseignants et camarades. Les salles de classes, le labo, tout est identique !

Je revis sur le tas, la rituelle crainte du devoir non rendu, de la « composition » mal révisée, les chahuts entretenus avec certains professeurs ou la peur de la redoutable prof de latin !

À la sortie, j'ai repris la route, espérant ainsi à partir du collège, retrouver plus facilement, les grilles de notre villa, et, – qui sait –, mes parents devisant sur la terrasse. Je n'ai rien retrouvé d'autre, qu'une succession de hauts immeubles hideux, ensevelissant mon figuier et les orangers de mon père.

J'ai tenté aussi de revivre au Casino de la plage, cette nuit du jour de l'an où, me tirant par la main à l'extérieur, un certain Raoul me demandait de l'épouser. Le casino n'est plus qu'une ruine, à ciel ouvert sur un tas de gravats. Je n'ai pu – non plus –, revoir la tombe tant espérée de mon père, visite interdite car le cimetière est trop dégradé.

Pourtant l'accueil est vraiment chaleureux. Dans la rue les passants nous arrêtent pour vérifier que nous sommes bien des « *juifs* »; revenez, le pays n'est plus comme avant ! Je suis même invitée à parler à la radio ; je reparle spontanément, la langue du pays. En lançant un simple appel au cours de cette émission, je retrouve la famille musulmane intime de mes parents. Grandes larmes en direct sur le plateau et dès le lendemain retrouvailles avec Nejiba, moment inoubliable !

La veille de notre départ, les garçons de service nous ont embrassé les larmes aux yeux, d'une amitié non feinte. « *C'est triste de vous quitter ; on retrouve avec vous les rires et les paroles ensemble, et maintenant il ne nous reste que les Russes et on ne se connaît pas* ». Il est vrai que nous avions retrouvé sur place cette façon de vivre, d'échanger les plaisanteries traditionnelles en arabe, de traiter le personnel en totale amitié comme nous le faisions dans nos foyers. Avec la population ce séjour fut un moment d'inoubliable fraîcheur.

Il m'en reste un possible désir de reconstruire autrement. C'est ainsi qu'une furieuse envie me talonne depuis mon retour : créer une relation directe entre les équipes et les enfants du collège de Sousse dont je fus élève, et ceux de l'établissement de Taverny que j'ai dirigé tant d'années. Ce serait une si belle façon de lier le passé et l'avenir. Se reconstruire en construisant. Les contacts sont pris et l'idée fait son chemin des deux côtés de la Méditerranée.

En conclusion, je pourrais dire que ce voyage a défini pour moi, les limites du rêve : Veni, vidi et… j'ai compris qu'ici, je n'étais plus chez moi. Que les murs, le quotidien, le vécu reconstruits, m'éloignent à tout jamais des rives de la mer qui fut mienne.

Ici je ne suis plus désormais, que le vestige de ce qui ne sera plus. Ici j'ai quitté la mer pour entrer au musée du souvenir et des lambeaux de mémoire.

Un « Musée d'Histoire Juive » est le devenir inéluctable de toutes ces communautés géographiquement effacées par la haine et l'histoire, de pays désormais vidés de leurs juifs – *juddenrein* – d'un bout à l'autre de la planète.

De mon errance permanente, j'ai appris que pour moi, la Tunisie n'est plus, qu'en

France on hurle dans les manifestations « *juif! Juif! La France n'est pas à toi*! », et qu'en Israël – parait-il –, je colonise.

Frères humains des Droits de l'Homme et des grands principes, il me reste une simple question : Pour moi juive alors enfin, Où ?

Je ne t'ai pas chanté, mon pays,
Mais sur les rives du Jourdain
Mes mains ont planté un arbre,
Et mes pieds ont tracé un chemin.
Rahel Blaustein

Postface

Et Israël dans tout ça ?

« *Si je t'oublie, Jérusalem…* »
Psaume 137

Premier retour en Israël, trente ans après, cadeau d'anniversaire de mes grands enfants. J'ai du mal à y croire, mais c'est bien vrai. Un grand retour vers moi-même ; je suis seule, Raoul a refusé de m'accompagner, je comprendrais bientôt pourquoi. Quelques lignes de mon journal une fois encore me sauveront de souvenirs faussés et effacés par le temps, et leur interprétation tardive. En relisant ces lignes je reste surprise par leur intensité. Cette émotion, était-elle justifiée ?

« *Me revoilà chez moi ! Me revoilà moi-même. En arrivant ici, j'ai voulu me jeter à terre, pour étreindre le sol, mais on m'a dit que c'était démodé. Alors, alors, je suis restée stupide, plantée sur mes deux jambes ; et j'ai laissé mon cœur effleurer le sol, caresser la terre, jaillir vers le ciel. Être chez moi, être moi ! Tout mon être se détend d'une si longue absence.* »

Les cousins ne cessent de me redire leur étonnement, pour me décrire mon état à l'arrivée. Me contentant de sangloter, « je suis en Israël », au lieu de fêter les retrouvailles. Certes je m'attendais à être émue, mais je ne m'attendais pas à un choc d'une telle intensité.

L'hébreu m'est revenu en bloc, et d'un seul coup ! Ici, je vis en résonance absolue, tout me passionne. Je n'ai pas l'impression de donner mon avis sur les événements, mais d'y donner ma participation.

J'ai pourtant conscience qu'ici, je ne peux plus construire. Restaurer, réparer dans le meilleur des cas. J'ai été, je ne suis plus. Irrémédiable perte de cette part de moi, idéal, avenir. Dire qu'il va falloir rentrer. Bien sûr, je suis rentrée.

Pour apprendre de Raoul que nous allions retourner ensemble, en Israël, les mois suivant. Il avait préféré me laisser dévider face à moi-même, un débord d'émotion, prévisible.

Raoul avait tout prévu et préparé à mon insu, y compris les trois jours et nuits sur les pelouses du festival de danse de Carmiel, lui qui n'aime pas la danse folklorique ! Incroyable séjour de joie, de bonheur à deux, accompli cette fois, du nord au sud du pays, et d'est en ouest.

Nous sommes retournés au kibboutz Negba, qui fêtait son jubilé ! J'y ai retrouvé amis et photos souvenirs d'une vie qui avait été, que j'ai pu cette fois, partager en partie.

Je traversais enfin cette terre dans la sérénité, sans confusion.

Puis-je dire que, par ce parcours initiatique, nous avions enfin partagé et accompli le voyage de noces que la vie ne nous avait pas encore offert, depuis trente ans ?

Une histoire, une vie…

PS. Mes nombreux retours en Israël m'ont permis depuis, de me rendre utile en des moments difficiles pour cette terre toujours en question, et toujours au plus haut de mes pensées.

Épilogue

Reconstruire, toujours

> *« Si ne suis pas pour moi, qui le sera ? Si ne suis que pour moi, que suis-je ? Et si pas maintenant, quand ? »*
>
> Hillel l'Ancien de Babylone

Malgré mon désir de retourner en Israël, nous sommes restés vivre en France, mais jamais dans l'immobilisme. La vie fut ici, une longue et double aventure partagée ; chacun de nous deux l'a vécue selon ses convictions, ses passions, son mode d'être. Un long cheminement à deux voix en Val d'Oise. Le Val d'Oise fut la terre d'accueil en France, de nombreux juifs chassés des pays arabes par la décolonisation. En 1962, la « ville nouvelle » de Sarcelles accueille les juifs de Tunisie, et Villiers le Bel, ceux d'Égypte chassés par Nasser.

Ces juifs vivent la dure condition d'immigrés en perte de repères, dépossédés, chassés dans la violence et le dénuement. Tous cherchent de nouvelles raisons de vivre. Tout est à reconstruire, dans une identité collective aux multiples facettes.

Le plus urgent, est de s'intégrer par le travail, d'assurer un avenir pour les enfants.

L'identité juive s'organise par cultes des origines, dans des appartements privés, synagogues temporaires.

Nous découvrons et rejoignons quant à nous, une communauté dont la synagogue est une salle de classe désaffectée accordée par la mairie. Nous y participons, et la routine éducative reprend ses droits. Les enfants grandissent en un milieu stabilisé. Les amitiés se multiplient et donnent sens au quotidien.

1983, c'est la guerre du Liban. Le tract officiel du syndicat des enseignants du Val d'Oise, s'intitule en lettres énormes et provocatrices : « *Beyrouth*! *Plus jamais ça* »! Quarante ans après, et pour la première fois, l'injonction réservée à l'horreur de la Shoah est déviée de son sens. Entre collègues un malaise s'installe, selon le point de vue exprimé. Je démissionne de mes responsabilités syndicales.

Les enfants juifs se plaignent de fréquentes violences en paroles et en actes en milieu scolaire. Certains enseignants n'hésitent pas à manifester leur parti pris, face à des enfants qui ne peuvent, ni ne savent répondre. Un professeur projette le film « Nuit et Brouillard » dans sa classe de seconde, et ajoute en désignant un élève juif par son nom : la nuit et le brouillard, d'où « X » et les siens n'auraient jamais dû sortir. Vingt ans après son installation, la communauté est à nouveau inquiète, incertaine, déstabilisée.

Vingt après le déracinement, voilà que tout recommence !

Dans l'épreuve, je redécouvre le Raoul révolté, des combats de Sousse. Je retrouve sa force de perception des événements, son intelligence de vue à long terme, sa puissance de conception, de colère, de mobilisation et de réalisations, qualités qui m'ont toujours étonnée et entraînée dans son sillage.

Il est convaincu que la fragilité communautaire vient du repli, offrant un aspect rituel et particulariste du judaïsme, au détriment d'une tradition humaniste et universaliste ; au détriment surtout, – son obsession –, de l'éducation des jeunes qui commencent à manquer de repères.

Après réflexion, il décide d'entreprendre. Élu président de communauté, entouré d'une équipe réduite et efficace. Son projet est fédérateur, au service de toutes les tendances, de toutes les sensibilités, sans exclusive. C'est une politique culturelle authentique assumée.

Je réalise aujourd'hui, en refaisant le parcours, le dynamisme et la cohérence de son œuvre. Dans l'année, il crée des relations avec les mairies de tous bords qui prennent conscience de notre réalité et nous ouvrent des locaux pour des activités culturelles. Il fonde un groupe d'amitié judéo chrétienne qui par ses qualités humaines et intellectuelles subsiste encore, quarante ans après.

Travailleur acharné il imagine et réalise la même année, une exposition pédagogique lumineuse, en soixante panneaux sur les richesses de la pensée juive. « *À la recherche du judaïsme* ». Exposée à la mairie, ce sera le phénomène culturel et médiatique du moment, pour des milliers de visiteurs.

Pour aider les familles, nous rédigeons un manuel de clarification des pratiques juives ; ouvrage qui connaît quatre éditions et se retrouve dans de nombreuses bibliothèques de collèges de l'éducation nationale. Un journal communautaire, « *judaïquement vôtre* », devient le lieu collectif d'expression de tous âges et de tous bords.

Sa conception de la présidence est collégiale, créative. C'est un « accoucheur » d'initiatives. À la tête de chaque commission, un responsable agit avec une totale autonomie-responsabilité. La vie de tous les jours se décide sur place, et dès l'âge de seize ans, tous y participent.

Sous son impulsion, chacun désire réussir au plus haut, être au niveau de la confiance dont on l'a investi.

Ses principes fondamentaux : travail, discipline, volonté collective et respect de la République qui nous accueille. Les valeurs de l'identité juive sont enseignées à leur plus haut niveau, vécues au sein de la maison communautaire, et ne doivent en rien interférer sur la vie sociale. Tout recevoir et vivre à l'intérieur, tout offrir à l'extérieur.

Son dernier voyage nous en a tant appris sur l'impact de son action. Pour ses obsèques organisées sans grande diffusion, une affluence incompréhensible de tous les cultes, de politiques de tous bords, d'institutionnels et de nombreux jeunes de tous milieux.

Plus étonnant encore, le chef-lieu de canton qui donne son nom à l'une des rues passantes de la commune, la « Rue Raoul Sberro ». Tous les discours ont évoqué ce jour-là, l'homme, l'éducateur qui a su rassembler au-delà des communautés, des religions, des statuts personnels, le laïc acharné à susciter l'union.

Pour ma part, malgré ma charge de travail au collège, après quelques réserves, je ne peux demeurer loin d'un tel enthousiasme. Je m'engage vers la culture et la jeunesse. Je rêve d'inculquer à ces jeunes leur appartenance à la nation juive, par la langue, la littérature, la pensée, la musique, le folklore.

Écrivains, philosophes, historiens, se succèdent pour des conférences signatures, sur des thèmes contradictoires ; le public est curieux, réceptif, et les invités de plus en plus nombreux ; responsables de collectivités locales, politiques, ou enseignants de tous bords y participent en nombre.

L'exposition « À la recherche du judaïsme », connaît un succès ininterrompu; j'en assure le commentaire, et je l'accompagne sur les routes de France. Le judaïsme y est présenté dans son expression originelle, corpus de lois d'une nation : L'autre le différent, les lois agraires et environnementales, le statut de l'animal. Découverte enfin, que le judaïsme est devenu simple religion pour se protéger de disparition en deux mille ans d'exil.

L'exposition est retenue par les mairies, les établissements scolaires, les universités pour commémorer des moments particuliers. Ainsi la ville d'Orléans pour la résurgence de la fameuse « rumeur », et la ville de Versailles lors du procès Touvier.

Émissions télévisées et revue de presse, logée chez l'habitant, le parcours est épuisant mais les rencontres hors du commun. Message de paix ouvert au monde qui ne laisse personne indifférent.

« *Voici donc une pierre de plus, à l'édifice de la lutte contre l'ignorance, souvent synonyme de fanatisme* » M. Valls, jeune Maire d'Évry.

Avec la mairie de St Girons en Ariège, l'aventure est poussée plus loin. L'exposition fait partie d'un nouveau Festival d'Art Sacré en cours de création. Un festival qui deviendra par la suite, le Festival du Couserans. Douze années durant, j'en ai assumé la vice-présidente, aux côtés du maire adjoint Georges Dedieu. Nous avons essaimé à Foix, Pamiers et surtout, en la cathédrale de St Lisier. Responsable de la partie juive du programme, il m'incombe de découvrir et recruter concerts, expositions et conférenciers de l'année.

Collaboratrice d'un chef inoubliable – Raphaël Elfassy –, j'y ai vécu l'émotion de grands textes bibliques mis en valeur dans des harmonisations de musiques somptueuses, interprétées par son « *Ensemble de Musique Hébraïque de Paris* ».

Comment oublier le Cantique des Cantiques pour le Festival du Couserans. Chœurs et solistes de l'Ensemble pour l'original en hébreu, et jeunes acteurs du cru, rejouant chacun de ces textes en une traduction poétique française.

Interminable Ola, d'une salle en délire en la cathédrale de Saint-Lizier, pour l'interprétation de la trop rare « Missa flamenca ». Composition du guitariste virtuose Vicente Pradal. Trois solistes flamenco déchirent l'air de leur plainte ; des voix d'un ailleurs qui nous interpelle. L'Ensemble de Musique leur répond en d'éclatantes harmonisations de joie pour le « Canto Spirito » Un succès tel qu'il fallut le reprendre l'année suivante à la demande du public.

J'ai toujours eu beaucoup de chance, car sur ma route, j'ai rencontré tant et tant d'êtres exceptionnels, que j'ai admirés et qui m'ont permis de boire à la moelle de leur génie, de leur force d'âme, de leurs convictions.

J'ai toujours rêvé la vie. « *Toi, les pieds toujours dans le ciel* », me taquinait l'un d'eux ! Oui j'ai rêvé mais au moins, moi, j'ai rencontré mes rêves.

Durant ces années actives, radio île de France me confie une tranche horaire à l'antenne, et une totale liberté de parole. C'est une plate-forme ouverte à tous, si le propos est construit, probant et dépourvu de haine. 2003 les débats sont ceux de la laïcité, du foulard à l'école, et le début de la délicate éviction des enfants juifs de l'Éducation nationale vers les établissements confessionnels, pour les « *protéger* » !

À leur demande des musulmans laïcs de Roubaix, Strasbourg, Saint-Denis, veulent attirer l'attention sur l'islamisme naissant. Venus dire à l'antenne leur inquiétude, leur vécu, la réalité du terrain au quotidien, et leur attente auprès des pouvoirs publics. Leur message de vérité n'a pas été entendu.

Au cours de cette période annonciatrice de tous les drames vécus aujourd'hui, et bien qu'à la retraite de l'Éducation nationale m'est restée une préoccupation permanente.

« Territoires perdus de la République », rapport Ruffin, rapport Obin nous annonçaient les atteintes à la laïcité, l'antisémitisme de certains élèves, leurs contestations des enseignements et leurs violences. Tous ont été mis sous le boisseau à leur sortie.

Voilà pourquoi mes nombreuses interventions publiques, en conférences, en groupes de travail, à la télévision, pour attirer l'attention sur ces déviances ; elles nous mènent vers un enseignement de plus en plus réducteur, par peur des réactions sur le terrain. Pour moi, simple naturalisée, je sais ce que l'enseignement de la France représente pour l'élévation de populations en recherche d'identité.

Ce fut aussi le début de l'exode des enfants juifs, boutés hors de l'Éducation nationale par la violence des cours de récréation sans avoir jamais suscité, la moindre levée de colère ou de bouclier pour les protéger. Faudra-t-il encore s'exiler pour les mettre à l'abri ?

On peut voir dans ce long récit, une vie d'activités passionnantes, riches, et parfois frénétiques ; nos enfants l'ont cher payé ; il leur a fallu nous partager en permanence, et nous retrouver de temps à autre. !

Mais ce furent les bouleversements d'une vie d'homme tout simplement.

Table des matières

1927, Le grand-père Rabbin.

1928, benediction de la reine Marie José (au chapeau), Synagogue dar Bichi Tripoli.

1928, le Roi Victor Emmanuel et la Reine prennent congé du Rabbin.

1930, Funérailles du grand père à Tripoli. Juifs et arabes réunis.

1949, à gauche je suis Savoyarde et mes soeurs Alsacienne et Nicoise pour le défilé du 11 novembre à Gabès.

1949, Abdallah, le Père et le métayer Mabrouk à la campagne.

1949, plage de Gabès, le jeune Abdallah que nous venons d'adopter, en famille derrière nous.

1954, le Père et la maison.

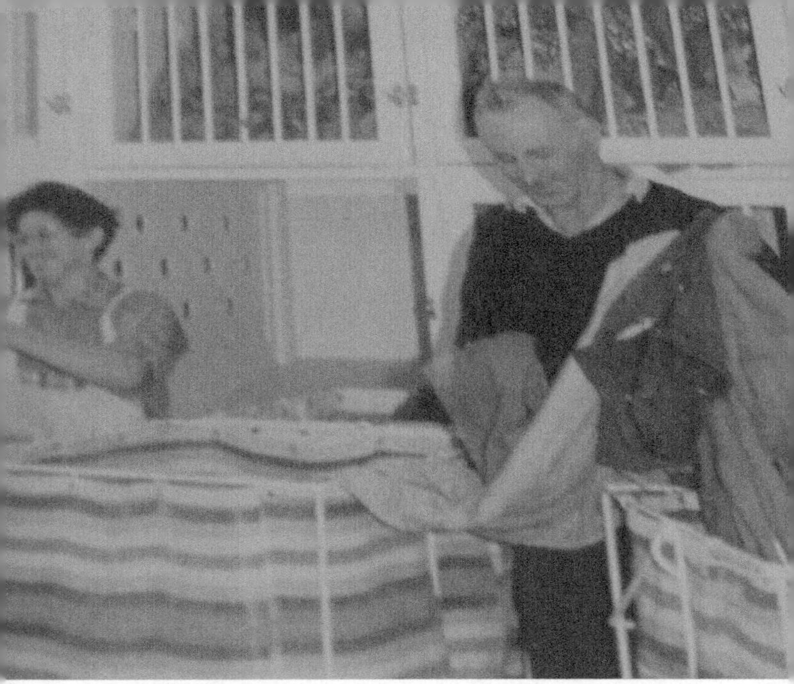

1955, d'Ukraine en Israël à pieds en fuyant les pogroms, Zalman aux pieds gelés,ne pouvait plus travailler debout. Perché sur son escabeau,il étendait du linge, des jours durant.

1956, Agen ah'charah, Josiane à l'écurie.

1956, Agen, préparation agricole.

Juin1956, photo du départ.

1956, Kibboutz Negba, la tour criblée de balles en 1948.

1956, maisons des pionniers, Kibboutz Negba.

1958, Kibboutz Negba.

1978, Aleko et Thalis, bonheur grec au camping.

1980, randonnée au Mont Olympe.

1980, les mules ravitaillent les refuges.

1985, Niko danse.

Anniversaire de Niko Zorba de Phokéa.

Un immense merci aux éditions BALLAND, et à Daniel HERVOUET pour avoir immédiatement cru en cette parole et lui avoir permis de voir le jour, avec générosité et intelligence humaine.

Imprimé en France - R_52509 - juillet 2023 - 14110 Condé-sur-Noireau
RapidBook, une marque du Groupe Corlet Imprimeur